**Gebrauchsanweisung
für das Leben**

Andreas Altmann

Gebrauchsanweisung für das Leben

PIPER

Mehr Bäume.
Weniger CO$_2$.
www.cpibooks.de/klimaneutral

Mehr über unsere Autoren und Bücher:
www.piper.de

Dank an den Hanser Verlag für die Genehmigung zum Abdruck aus
David Grossmans Novelle *Raserei*, aus David Grossman, *Das Gedächtnis der
Haut*. Aus dem Hebräschen von Vera Loos und Naomi Nir-Bleimling,
© Carl Hanser Verlag GmbH & Co. KG, München 2004

ISBN 978-3-492-27686-3
4. Auflage 2017
© Piper Verlag GmbH, München 2017
Satz: le-tex publishing services GmbH, Leipzig
FSC-Papier: Munken Premium von Arctic Paper
Munkedals AB, Schweden
Druck und Bindung: CPI books GmbH, Leck
Printed in Germany

John Lennon: *Als ich zur Schule ging, fragten sie mich, was ich werden will, wenn ich erwachsen bin. Ich schrieb: »Glücklich.« Sie sagten mir, ich hätte die Aufgabe nicht verstanden. Ich sagte ihnen, sie hätten das Leben nicht verstanden.*

Joel, mein Sitznachbar in einem Greyhound-Bus, irgendwo Richtung Florida: *What the fuck I am alive for?*

Phuong, Hotelbesitzerin in Saigon: *Vor dem Sterben fürchten? Nein, doch ich fürchte mich vor dem, was auf dem Weg dorthin schon alles in mir an Mitgefühl und Neugier gestorben ist.*

Dieses Buch gehört
jenen Frauen und Männern,
die mich antreiben,
die mich schelten und rühmen,
die mich (und sich) nicht verraten,
die in der Not mir einfallen,
die in der Not zur Stelle sind,
in deren Nähe ich schwer
ins Leben verliebt bin.

Inhalt

VORWORT

Oft suche ich mir Themen, die mich überfordern. Von der Stunde null – Tag der Vertragsunterzeichnung – bis zur letzten Zeile am Manuskript begleitet mich das anstrengende Gefühl: Du wirst scheitern! Was mich kaum beunruhigt. Ich habe mich daran gewöhnt, ich mag die Stimme des Teufels in mir. Sie hält mich wach. Sie sorgt dafür, dass ich mich erst ausruhe, wenn ich tot bin.

Gebrauchsanweisung für die Welt, welch unschuldiger Größenwahn mochte mich damals antreiben. Versteht man unter »Welt« nur die Erde: Schon das reicht, um einzuknicken. Unheimliche 4,5 Milliarden Jahre ist sie alt, und unheimlich einsam rast sie mit 107 000 Kilometern pro sechzig Minuten durch das All. Und sieben Milliarden Menschlein rasen mit. Darüber schreiben? Damit fertig werden? Gar wissen, wie man mit all dem umgeht, sie »gebraucht«? Wie aberwitzig. Natürlich bin ich mit meinem Buch gestrauchelt. Winzige 258,4 Gramm wiegt es. Ein Furz gegen die 5,976 Trilliarden Tonnen der Erde. Und ihre Aberbillionen Geschichten.

Jetzt also – Gipfel des Übermuts – eine *Gebrauchsanweisung für das Leben*. Gleich beim ersten Aussprechen des Titels fing ich zu zittern an, denn *life is always bigger than you*! Himmel, wie soll einer mit dem schwerwiegendsten, dem geheimnisvollsten, dem unfassbarsten und sensationellsten Wort umgehen, das je in einer Sprache vorkam? Hinter welchen fünf Buchstaben stehen mehr Fragezeichen? Mehr Glück? Mehr Abgründe? Mehr Heldentaten und Niedertracht? Mehr Genialität und Wahnsinn? Was ist teurer für den einen, und was könnte nicht billiger und wertloser sein für einen anderen? Was behüten Menschen mit mehr Macht, und was vernichten sie mit gleicher Vehemenz? Das LEBEN, klar.

Versprochen, auch dieses Buch wird das Mysterium nicht lösen. Denn ich habe – wie jeder von uns – keine Ahnung, woher unser Leben kommt und wohin es, nachdem es aufhört, verschwindet. Ich bin Darwinist, impertinent von seiner Idee der Evolution überzeugt. Dass der liebe Gott dahintersteckt, halte ich für eine Zumutung. Sie wurde von jenen erfunden, die von einem freien, selbstbestimmten Menschen – sprich selbstbestimmten Leben – nichts wissen wollen. Ihr Mensch soll Sünder sein, soll sich ducken und buckeln. Und den »Schöpfer« vergötzen. In alle Unendlichkeit.

Dass wir hinterher in die Hölle oder ins Himmelreich müssen, klingt noch infantiler. Wer sich ein bisschen auf der Welt umgesehen hat, wird feststellen, dass wir Himmel und Hölle schon haben. Mitten unter uns.

Ich will nicht ewig sein, will nur ein Leben, ein ganzes, vor meinem Tod. Will lieben und geliebt werden, will sein. Aber heftig, aber innig, aber sinnlich. Und am Tag nach meinem Tod will ich lichterloh brennen und ein letztes Mal Wärme abgeben. Und ein paar Momente als Asche über dem Indischen Ozean wehen. Und damit hat es sich.

Jetzt kommt die erste Enttäuschung: Der Autor verteilt keine Ratschläge, denn er weiß keine. Er weiß jedoch ein paar Geschichten, und die erzählt er. Da überzeugt, dass sie weiser sind und tiefer in Herz und Hirn fahren als Litaneien.

Nun, warum dieses Buch? Bevor ich darauf eingehe, hier ein Zitat von Haruki Murakami: »Mein Job als Schriftsteller ist es, die Menschen ihr elendes Leben vergessen zu machen.«

Schön befremdlich der Satz. Hundertmal nein! Ein Schreiber soll nicht einlullen, niemanden in Traumwelten jagen. Er soll das Gegenteil unternehmen: Die Leser in die andere Richtung treiben, zurück ins Leben, er soll ihnen den Rückweg ins Träumen versperren, soll sie beuteln und rütteln, sie verstören, sie lauthals daran erinnern, dass sie nur dieses eine verdammte Mal – die paar Jahrzehnte lang – lebendig sind, ja, dass ihr Leben das Unglaublichste ist, was ihnen je begegnen wird. Ach, dass jeder Tag um Mitternacht entschwindet. Unschätzbar, unwiederholbar, unwiederfindbar.

»Ich wundere mich«, schrieb Charles Bukowski, »wie mühelos vielen ihr Leben misslingt.« Der Alte war unerbittlich: mit welcher Leichtigkeit wir es hergeben, mit welcher Nonchalance wir ihm – unserem Leben – ausweichen und jeder Sirene hinterherlaufen, die zum Zeittotschlagen einlädt.

Ich mag solche Sätze, die wie Flammenwerfer daherkommen. Ich kopiere sie in mein Tagebuch. Damit sie dort weiterbrennen. Damit sie in mir lodern, damit ich nicht vergesse, dass ich genauso unter die Räder der Verblödung geraten kann. Dass auch ich mich eines Tages kommandieren lasse von den zwielichtigen Verführern, die mir meinen Verstand rauben wollen, meinen Willen, mein ganzes Leben. Ja, dass ich – das wäre ihr ultimatives Ziel – zum Schaf mutiere, das freudig blökt, wenn sie das Gatter aufhalten. Und ich hineintrotte und im großen Haufen, schon lange blökend, verschwinde.

Die Sehnsucht nach geistiger Enthaltsamkeit ist immens, nach Einschläfern der Vernunft, nach Einfrieren des Gehirns. Der Pfaffe hilft dabei, der Politiker, der Wachstumstrottel, ein Teil der Medien. Sie alle fordern unsere Besinnungslosigkeit. Wir sollen uns nicht besinnen, nein, wir sollen nachleiern und Ja sagen und shoppen und abends – hingerichtet von tausend Batzen Scheiße, mit denen sie tagsüber nach uns ausholten – vor der Glotze sitzen. Und glotzen.

Sind wir dafür auf die Welt gekommen? Ist das ein Menschenleben? Wie sagte es Herr Kant alias Immanuel, der Größte? »Aufklärung ist der Ausgang des Menschen aus seiner selbst verschuldeten Unmündigkeit. Unmündigkeit ist das Unvermögen, sich seines Verstandes ohne Leitung eines anderen zu bedienen.« Das war vor 233 Jahren, und wir wollen nicht hinhören. Wir wollen dösen.

Ich habe lange über die Frage nachgedacht, was denn der Sinn des Lebens ist. »Gottgefällig zu sein«, wie es mir in der Kindheit eingebimst worden war, kam nicht infrage. Gott gab's nicht. Nicht für mich. Zumindest nicht den einen, von dem ich im Religionsunterricht gehört hatte: der mich jahrtausendelang mit Feuer und Schwefel foltern würde. Mich, für mein kleines Leben mit meinen kleinen Sünden.

Wir kommen, wir treten ab. Gut, die Zeit dazwischen kann lustig sein, bunt, aufregend. Oder ganz anders, eben leidvoll, armselig, todfad. Der eine hat Glück, der andere geht durch ein Tal der Tränen. Ich schaue hin, und kein Sinn leuchtet mir ein. Nicht bei den einen, nicht bei den anderen.

Auch die Idee der Wiedergeburt klingt urkomisch: Der Glückliche war früher ein Held, ein Menschenretter, und deshalb führt er nun ein imposantes Leben. Und die 300 000 vergasten jüdischen Kinder waren in ihrem Vorleben Raubritter und Schlächter. Und mussten deswegen in den Ofen.

Uff, die einen erfinden sich ein »Jüngstes Gericht«, an dem alle aus ihren Gräbern kriechen und vom Weltenschöpfer in Himmelsfahrer oder Höllenbesucher eingeteilt werden, und die anderen wissen von einem »Karma«, das als gnadenlos »gerechte« Instanz durch den Kosmos geistert. Unheimlich, was uns an Absurditäten bereits zugemutet wurde. Und unheimlich die Zahl der »Gläubigen«, die diesen Hokuspokus – souverän am Hirn vorbei – als »ewige Wahrheiten« schlucken.

Also, wo ist der Sinn? Ich habe, endlich, beim Schweizer Psychiater C. G. Jung eine Antwort gefunden, die wunderbar irdisch und intelligent anmutet: »Das einzig sinnvolle Leben ist ein Leben, welches nach der – absoluten und unabdingbaren – individuellen Verwirklichung seines ihm eigentümlichen Gesetzes strebt.« Das liest sich altmodisch (der Satz ist über hundert Jahre alt), ist aber hochmodern: Sinn macht, wenn ein Mensch das wird, was in ihm angelegt ist. Wenn er sich nicht verbiegen, nicht verleugnen, nicht verstümmeln muss. Wenn seine Talente in die Richtung gehen, die in ihm vorgesehen ist. Wenn er wird, was er sein will. Nein: sein soll.

Klingt das egoistisch? Wie das? Im Gegenteil: Leute, die ein erfülltes Dasein führen, sind glücksfähiger, sprich, friedfertiger als jene, die täglich zu einem Leben antreten müssen, das nur Wut und Überdruss in ihnen auslöst.

Ich weiß, dass einer zum Sich-Finden Glück braucht und die passenden Zufälle. Und die hilfreichen Frauen und Männer. Und Willenskraft und intuitive Intelligenz. Und – wie seltsam – eine Art »Schuldgefühl«.

13

Ich denke, dass das Leben ein Geschenk ist. Auf der Welt sein zu dürfen gilt als Privileg. Die meisten nehmen es so wahr. Wäre es anders, würden sie leichtfertiger sterben. Und stets bilde ich mir ein, dass mein Leben mir zusieht. Das ist ein schräger Satz, doch so empfinde ich es: Mein Leben beobachtet mich und fragt, jeden Tag, ob ich mich seines Geschenks würdig erweise. Oder ob ich wieder einmal faul bin, unbedacht und gleichgültig. Ja, ob ich vergessen habe, dass ich vergehe. Ich hasse diesen Blick. Und ich will ihn nicht missen. Solange er mich belauert, bin ich gewappnet.

Ja, das Leben will belohnt werden, hat es doch gerade mich ausgesucht.

Es gibt noch andere Blicke auf mich. Von Leuten, die noch nie etwas von mir gehört haben. Es sind die Schriftsteller, die ich las. Und lese. Und von denen ich mir wünsche, dass sie mich nicht aus den Augen lassen. Frauen und Männer, die vom Jenseits nichts wissen wollen und nur vom Leben hier auf Erden berichten. Die nie Trost suchen im Außerirdischen und die mir, ihrem Leser, jeden Fluchtweg ins Gatter abschneiden. Zerren die einen Richtung Bewusstseinstrübung, so ziehen sie, »meine« Autoren, mich mitten hinein in die Wirklichkeit. Sie sind meine Seelenwächter. Vor ihnen bekomme ich ein schlechtes Gewissen, wann immer ich mich dabei ertappe, ihren Ansprüchen nicht zu genügen. Wut steigt hoch. Über mich. Und ich verspreche, nein, ich schwöre – auch mir –, ab sofort mein Kostbarstes nicht mehr zu verraten.

Bis wieder Tage passieren, die k. o. machen oder die ich nur hassen will, weil kein Glanz sich ausbreitet und der niederträchtige Alltag daherkommt: so beladen von Banalität, so umzingelt von müden, unfrohen Visagen. Oder ich – noch deprimierender – nur glänzenden Gesichtern begegne.

Die mich ungerührt daran erinnern, dass nichts an mir funkelt.

Manchmal muss ein Drama her. Damit wir uns bewusst werden, dass wir nichts Schöneres haben als unser Leben: Nachdem am 26. Dezember 2004 der Tsunami über Thailand gedonnert war, fuhr ich (unverwüstet) am nächsten Tag nach Phuket. Auf der Suche nach einem vermissten Freund, der sich dort aufhielt. Die Ostküste der Ferieninsel hätte als Kulisse getaugt für einen Film über den Untergang der Welt. An manchen Stränden lagen noch die von der Hitze aufgedunsenen Leichen.

Ich besuchte die Schwerverletzten im Krankenhaus, Kinder, Eltern, Greise. Ich fand eine Deutsche, die eine Stunde zuvor den Operationssaal verlassen hatte. Marion war zusammen mit ihrer Lebensgefährtin von der Flut überrascht worden. Bevor die Killerwelle den gemieteten Bungalow niederwalzte, hechteten die beiden hinters Bett und klammerten sich aneinander. Vergeblich, die Wucht riss sie entzwei, die Freundin verschwand im Strudel, und Marion trieb mit hoher Geschwindigkeit durchs Wasser. Bis irgendwo ein Baum herausragte und die Äste sie auffingen.

Einen halben Tag lang durfte sie nicht loslassen, dann wurde sie evakuiert. Sie wusste inzwischen, dass sie »alles verloren« hatte. Sie dachte an die Vertraute, nicht an den mitgebrachten Besitz. Weitere operative Eingriffe würden folgen, denn an verschiedenen Körperstellen fehlten ihr Fleischfetzen, weggerissen von Gegenständen, die ihr entgegengeschossen waren. Der Schock hatte sie zuerst wenig spüren lassen, jetzt spürte sie den ganzen, den überall verwundeten Leib. Aber die physische Drangsal, flüsterte Marion, sei nichts im Vergleich zu den Bildern in ihrem Kopf: voller Toter, links und rechts an ihr vorbeidriftend. Als ihr Leben an einem Ast hing. »Mein Gott«, meinte sie beim Abschied, »was habe ich in meinem Leben getrödelt. Das muss aufhören.«

Das war ein bravouröser Vorsatz: Nicht trödeln im Leben! Manche, könnte man behaupten, brauchen ein Desaster. Um aufzuwachen. Andere jedoch haben gar kein Glück, denn nie kommt ein Unglück nahe genug. Eins, das wie ein Orkan über sie hereinbricht. Auf dass sie lernen, das Wichtige vom Idiotischen zu trennen.

Wochenlang standen in der *Bangkok Post* Zeugenaussagen von Überlebenden, und die meisten redeten davon, dass sie erst nach der Begegnung mit dem Tod erkannt hätten, wie einmalig das Leben sei und wie verschwenderisch nachlässig sie bislang damit umgegangen seien.

Leben soll wie eine Droge sein. Doch bei vielen hört sie irgendwann auf zu wirken. Statt high zu bleiben, werden sie ranzig. Oder nisten sich, so nennen die Engländer das, in ihrer *quiet desperation* ein, verstummen, fressen sich voll, saufen sich voll, erdrosseln eine Sehnsucht nach der anderen.

Jeder hat seine eigene Methode, um sein Leben abzuschaffen. Wer kennt sie nicht, die ZeitgenossInnen, die zu ambulanten Tränensäcken mutierten? Die keine Gelegenheit versäumen, uns ihren Erdenjammer vorzugreinen. Und dabei gleichzeitig Ausschau halten nach Schuldigen.

Was das Leben nie kümmert. Es ist taub für Elendsjeremiaden. Sie verpuffen. Das Leben will geliebt werden. Sonst lahmt es. Wer es nicht bewundert, wer nicht in höchsten Tönen von ihm erzählt, der bekommt ein Scheißleben. Es funktioniert ein bisschen wie zwischen den Menschlein: Wer liebt, wird Liebe finden. Und wer hasst, der verkümmert.

Jeder weiß es: Die Lebensspanne ist ein Witz im Vergleich zu den Myriaden Jahren, die die Welt bereits auf Reisen ist.

Ein Nullkommanichts. Und doch: Es kann sich ewig hin-
ziehen. Wenn der Treibstoff fehlt, das Kerosin Freude, die
Überraschungen, der Eros, das Verlangen, die Lust auf Wissen, die Neugier auf andere. Ein Leben als Leiche dauert viel
länger als das Leben von einem, der ins Leben verliebt ist.

Während einer Reise durch die USA kam ich nach Cape
Canaveral, dem Ort in Florida, in dessen Nähe die NASA
auf dem *Kennedy Space Center* Raumfähren in den Weltraum
jagt. Für diesen Tag war ein Start geplant. Ich kam mit Frank
ins Gespräch, einem freundlichen Touristen aus Iowa, Bio-
logielehrer und ein – wie sich herausstellen sollte – kluger
Kopf.

Um genau vierzehn Uhr ging es los. Ein Höllenfeuer stob
aus dem gigantischen Auspuff, riesige Wasserdampfwolken
waberten über den Boden, die Arbeitsbühne brach nach
allen Seiten weg, und mit ungeheurer Power hob der Shut-
tle ab.

»Schau«, sagte Frank, nachdem das Getüm am Himmel
verschwunden war, »was jetzt gerade passierte, ist eine Metapher im Zeitraffer für das Leben. Hast du das gesehen? Die
Urkraft, mit der die Fähre sich losriss? Das ist ein Bild für
die Jugend. Sie will davon, sie will ein eigenes Leben. Doch
bald, noch vor der Überwindung der Erdanziehung, tritt das
Haupttriebwerk in Kraft. Das ist die Zeit, in der ein Mensch
seinen Beruf findet, sich ausbildet, studiert, heiratet, eine
Existenz gründet. Zuletzt wird der Tank abgeworfen, und
das Raumschiff befindet sich in seiner Umlaufbahn. Und da
bleibt es und dreht sich im Kreis. Bis es verglüht.«

Ich hatte keine Ahnung, ob die drei Stufen technisch so
abliefen. Trotzdem, Franks Idee klang einleuchtend: wie wir
als Jugendliche träumen, wie wir erobern wollen, ja, bersten vor Drang. Dann – zweite Phase – erwachsen werden,

lernen, Arbeit finden, doch gleichzeitig unser Leben verbarrikadieren mit Verpflichtungen, mit Hypotheken, mit Entscheidungen, die lebenslängliche Pflichten, schlimmer, Zwänge, nach sich ziehen. Und wir viel zu früh – dritte und letzte Runde – im Kreisverkehr der Routine landen. »And we fade away«, sang Neil Young.

Das Rauschmittel Leben muss man sich gut einteilen. Es soll für achtzig Jahre reichen. Denn eine gräulichere Aussicht gibt es nicht: als sterben zu müssen mit einem längst erkalteten Herzen.

Was einem Menschen überaus zuträglich wäre, um eher launig durchs Leben zu kommen? So einfach: *some craziness.* Wer mit einer Brise Verrücktheit unterwegs ist, einer lustigen, leichtsinnigen, der wird die Tage verspielter hinter sich bringen. Weil er immer lebt und nie tot ist. Einer, der um die Abgründe weiß, aber sich nicht hineinziehen lässt, dem gehört etwas, das haltlose Bewunderung fordert: Heiterkeit und Tiefe*.

---

* Ein schneller Hinweis. Der Gender-Wahn geht um. Da ich schon vor Jahren beschlossen habe, nicht jeder Hysterie hinterherzulaufen, soll hier eine kurze Anmerkung stehen: Wenn ich »Leser« schreibe, meine ich – wie denn nicht? – auch die Leserin. Umso mehr, weil sie, die Leserinnen, uns Schreiber retten, sie die Mehrheit der Bücherliebhaber bilden. Ich werde aber jetzt nicht die gängigen Hieroglyphen anwenden, um allen Schranzen der politischen Korrektheit Genüge zu tun. Ich teile meine Leser nicht nach ihren Geschlechtsteilen ein, auch nicht nach ihrer sexuellen Orientierung, mir ist jede/r recht, auch die Asexuellen, die Schwulen, die Lesben, die Pansexuellen, ja, die Eunuchen, die Transgender, die Rundumoperierten. Ich fordere einzig, dass der Mensch – die Menschin! – sein Hirn mitbringt, wenn er ein Buch von mir aufschlägt.

Ein Moment im Leben

Jetzt gleich und dann nach jedem zweiten Kapitel kommt *Ein Moment im Leben*. Kein Wölkchen wird diese Minigeschichten überschatten. Sie werden nur vom Phänomen Leben erzählen. Und vom Phänomenalsten dort: von Frauen und Männern. Auf verschiedenen Kontinenten. Ohne den geringsten Bezug zu den Themen davor oder danach. Selbstverständlich werde ich in den übrigen Texten (auch) maulen und bisweilen fassungslos sein über so viel allwaltende Borniertheit und Kaltherzigkeit. Aber in den *Momenten* soll vom (makellosen) Wunder Leben berichtet werden. Oder von Herzenswärme, die urplötzlich ausbricht, weil ein Mensch – zur rechten Zeit – erkannt hat, dass kein anderes Mittel hilft als Sanftmut, als Beschwingtheit.

Stopp, nein, nur sanft, das geht nicht. Nicht bei mir. So müssen auch Episoden voller Rätsel und Absurdität vorkommen. Die einen perplex zurücklassen. Was jedoch allesamt verbindet: Jede erzählt uns etwas vom Leben, dem oft unbegreiflichen. Selbst die Anekdote, die eher strapaziös beginnt und es doch – in der letzten Kurve – zur *happy ending story* schafft.

Ich liebe diese flirrenden Passagen, mitten am Tag, mitten in der Nacht. Sie sind ein unglaubliches Geschenk, da sie mich zu einer meiner Lieblingsbeschäftigungen verführen: zum Staunen.

Ein Moment im Leben –
Ein Gentleman in Boston

Tatort Boston, Tatort Subway. Früher Abend, Fahrt vom Flughafen ins Zentrum, ruhige Atmosphäre, alle Sitzplätze sind belegt. Plötzlich geschieht etwas Banales, aber ungemein Anrührendes. Und es kann nur so geschehen, weil – vermute ich – jeder im Waggon die komplizierten (inneren) Vorgänge der Beteiligten begreift. Wie auch immer, keinem entkommt eine falsche Geste, die Szene passiert wie inszeniert. Wie vorher abgesprochen.

Ein Mann, vielleicht sechzig, versucht, sich von seinem Platz zu erheben. Ein Einbeiniger, wie man ihn heute kaum noch sieht. Denn sein rechter Oberschenkelstumpf steckt in einem zugenähten Hosenbein. Das Aufstehen erweist sich als schwierig. Der Mensch kann seine beiden Krücken nicht voll einsetzen, zu eng die Umgebung, zu rutschig der Boden. Zudem scheint ihm auch sein vollständiges Bein Schmerzen zu bereiten, wenn er es belastet. Ich sehe alles, da ich nur zwei Meter entfernt sitze, schräg gegenüber. Und (diskret) beobachte.

Der Mann ist zäh, er will stehen und nichts wird ihn daran hindern. Und keiner hilft. Was ich in diesem Augenblick nicht als Mangel an Mitgefühl erlebe, eher als wohlweisliche Zurückhaltung. Jeder weiß um die Empfindlichkeit von körperlich Behinderten, die sich und der Welt beweisen wollen, dass sie »normal« sind und dass nicht sofort die Feuerwehr gerufen werden muss, wenn ein Hindernis auftaucht.

Irgendwann klappt es, der Mann fasst nach der Stange, an der sich üblicherweise die stehenden Fahrgäste festhalten. Und richtet sich mit einem letzten Schwung auf.

Jetzt kommt es, das Sensationelle. Er sagt zu der Frau, die gewiss nicht älter ist als er und die als Einzige nicht sitzt, sagt ruhig und lässig: »Please, have a seat.« Und ihr Herz ist klug genug, diese Geste zu begreifen: sie eben nicht dankend abzulehnen, der Einladung nicht mit dem unsäglichen Hinweis auszuweichen, dass er, der Gentleman, den Sitzplatz doch viel nötiger habe. Nein, sie lächelt ihn an und erwidert leise: »So kind of you.« Und setzt sich. Und der Einbeinige balanciert nun neben der Stange und tut, als wäre nichts gewesen.

Wir, die Rüpel, tun es ihm nach, ja, sind stillschweigend ergriffen von ihm, dem Ritter. Und, auch ganz still, ein wenig erschrocken über uns, die Hockenbleiber.

KINDHEIT

Der russische Schriftsteller Wladimir Sorokin meinte einmal, dass sich mit Literatur Menschen befassen, die durch Traumata und Erschütterungen in der Kindheit die Welt verloren hätten und nun zurückblieben. Wie hinter einem abfahrenden Zug. In diesem Zug säßen Leute mit gesunden Berufen, wie Tischler, Bankiers, Krankenschwestern, Fischer. Die Schriftsteller liefen ihr ganzes Leben lang hinter diesem Zug her: »(…) in der Hoffnung, ihn einzuholen. Aber die Hoffnung trügt. Uns bleibt nur, diesen Zug zu beschreiben, seine Waggons, Räder, den Rauch aus dem Schornstein, die Reisenden hinter den Fenstern. Und unser Los ist es, so lange hinter ihm herzurennen, bis wir auf den Gleisen zusammenbrechen.«

Das klingt poetisch, aber nicht sehr wirklichkeitsnah. Denn ich kenne Tischler, Krankenschwestern, Banker und andere mit gesunden Berufen, die auch früh in eine Kampfzone gerieten. Und die ähnlich aussichtslos einem Zug hinterherrennen, dem Zug der fröhlichen Kindheit. Und genauso auf der Strecke bleiben. Der einzige Unterschied: Ihnen fehlt die Wunderwaffe Sprache, um die Wundstellen auszuhalten. So erwischt es viele von ihnen jeden Tag kalt. Da weit und breit kein Heilmittel zur Verfügung steht. Nicht Sprache und nichts anderes, um das Herzblut zu stillen.

Man kann die Sache natürlich von einer ganz anderen Seite betrachten. Der ironischen, der witzigen, der voller Hintergedanken. Der Satz der französischen Theaterautorin Yasmina Reza gehört dazu: »Eine glückliche Jugend ist keine gute Voraussetzung für das spätere Leben.« Wie wahr und wie furchtbar: sorgenfrei aufzuwachsen und als Ergebnis ein zahmes, fügsames Leben zu führen. Jeden Tag Allerweltsleben, jeden Tag angepasst, jeden Tag unfähig zu widersprechen. Immer Würstchen, das stillhält. Und jeden Abend – uralte 35 ist man inzwischen geworden – heim zu Mutti zu fahren. Denn bei ihr geht's zu wie in der Kindheit. Schön lieb, schön brav, schön warm.

Oder die Muttersöhnchen sind längst verheiratet: damit die Frau Gattin die Frau Mutter ersetzt.

Oder die Folgen beschwerdefreier Kinderjahre enden noch dramatischer: Der Unbeschwerte mutiert zum unglücklichen Erwachsenen. Hier die Mail eines 53-jährigen Mannes, der »Das Scheißleben meines Vaters …« gelesen hatte und schrieb: »Im Gegensatz zu Ihnen, Herr Altmann, hatte ich eine selige Zeit als Kind. Und heute könnte mein Leben nicht unseliger sein. Und wissen Sie, warum? Weil ich keine Widerstände spürte und mir jeder Wunsch erfüllt wurde. Ich will sagen, dass ich nicht gelernt habe, mich durchzusetzen und für etwas zu kämpfen. Sie schon.«

Sehr wahr. Das verdanke ich meinem Vater. Dank ihm entdeckte ich meinen Zorn. Und irgendwann, als ich mich traute, meinen Hass. Den reinen, blanken Hass. Später den

Hass auf (fast) alle Erziehungsberechtigten. (Wobei Kinder unfehlbar erkennen, wer sich ihnen gegenüber fair verhält und wer nicht.) Und Hass, jeder weiß es, ist nur ein anderes Wort für Energie: Wenn man verstanden hat, den Hass, der sich ja auch gegen einen selbst richtet, weil die großen Menschen die Kleinen so oft mit dem hundsgemeinen Gefühl der Wertlosigkeit infizieren, wenn man das meistert, diesen Selbsthass in den Schrei »Ich will leben!« umzupolen, dann ist man gerüstet für den Rest der Tage, die kommen, sobald die Kindheit aufhört. Ab dieser Stunde wird jeder mit einem »Fuck you« bedacht, der sich anmaßt, die Lebenslinien – respektlos – zu überschreiten.

Ach, die glückliche Kindheit. Vor Kurzem hörte ich ein altes Interview mit Kurt Cobain, dem Gründer und Sänger von Nirvana. Er sagte, unter anderem: »I had a very good childhood.« Nicht so viele Wochen später kaufte er sich eine Browning Auto-5, holte sich ein Bier aus dem Kühlschrank seiner Millionenvilla, packte noch ein paar Diazepam-Tabletten ein, vergaß auch nicht, eine ordentliche Portion Heroin mitzunehmen, ging rüber zum Gartenhaus, jagte alles in seinen Körper und – jetzt ruhig und gefasst genug – hielt sich die Flinte an den Kopf. Und drückte ab. Er war 27, und die glücklichen Tage von little Kurt lagen so weit noch nicht zurück.

Eisern steht, dass ein Kind, das es per Crashkurs mit dem Leben aufnehmen muss, die größeren Chancen hat, nicht als Duckmäuser seinen 18. Geburtstag zu feiern. Es kennt sich besser aus in der Welt der Hinterhältigen, es vertraut mehr auf sich, es verfügt über mehr Tricks, mehr Fluchtwege, ist resistenter gegen Selbstmitleid und Infantilisierung, ja, es spitzt schneller die Ohren, wenn Unheil droht. Es wird, um es mit einem originellen englischen Wort zu beschreiben, *streetwise*. Das ist jemand, der gerissener auf der Straße (des Lebens) zurechtkommt. Er benimmt sich weiser, frecher, widerspruchsbereiter als die Rundumversorgten.

In meiner Klasse im Gymnasium bekamen die aus gutem Haus die guten Noten. Wobei »gutes Haus« sich hier nicht auf einen vermögenden Hintergrund bezog. Eher auf ordentliche Verhältnisse. Mit beflissenen Eltern, den CSU-Kopf voller Regeln und Werte. Felsenfeste, die nie infrage gestellt wurden. Es gab keine Bruchstellen, nur ewige Wahrheiten. In einem solchen Biotop gedeihen Streber, gut organisierte Jasager und Mitschüler, die keinem abzuschreiben erlaubten. Ihr Verhalten galt als – so stand es im Zeugnis – »vorbildlich«. Zehn Jahre später arbeiteten sie als Zahnärzte in Niederbayern oder höhere Beamte im Katasteramt der Landeshauptstadt. Die Väter waren stolz, die Mütter, die Söhne.

Auf uns Loser blickte niemand mit Wohlwollen. Bei uns zu Hause ging es unordentlich zu. Vater kaputt, Mutter kaputt und keine Sekunde hingerissen von ihren Nachkommen. Rückblickend könnte ich nicht behaupten, dass wir uns im Klassenzimmer als die Cooleren aufgeführt hätten. Okay, wir wären bereit gewesen, den Nachbarn spicken zu lassen. Aber bei uns gab es nichts zu spicken. Das einzig Löbliche, das sich über uns berichten ließe: Wir wollten nie Zahnärzte werden. Und nie Beamte. Klar, wir wollten auch etwas werden. Aber etwas, das glitzert. Und nie etwas, das schon zu Lebzeiten einäschert.

Nicht weit von meiner Pariser Wohnung gibt es einen Kindergarten. Jeden Tag ziehen die kleinen Menschen vorbei, Hand in Hand, gelbe, weiße, schwarze Menschlein, achtsam begleitet von ihren Erzieherinnen. Und jedes Mal denke ich, dass (fast) alle Kinder schön sind. Und jedes Mal frage ich mich, welches von ihnen über die (innere) Power verfügt, das Leben zu führen, das es sich eines Tages ausdenken wird. Und wer die Lieben findet, die sein Leben reicher machen. Und dem Beruf nachgeht, der Freude in seinen Alltag bringt.

Ja, es vom Vierjährigen zum Vierzigjährigen zu schaffen, der mit einem heiteren Lächeln auf die Hälfte seines Lebens zurückblickt und der sich – trotz schmerzhafter Bauchlandungen – einbilden darf, nicht alle seine Ziele verraten zu haben: *standing ovations!*

Ich bin kein Vater, und ich will kein Vater sein. Aber jedes Kind, das sich in meiner Nähe befindet, soll wissen, dass es in mir einen Prince Braveheart hat, einen Verbündeten, der nicht zulassen wird, dass ihm vor meinen Augen Gewalt widerfährt. Mit Worten oder mit Schlägen oder mit allem. In solchen Augenblicken steigt ein geradezu viszeraler Hass in mir hoch, direkt aus den Eingeweiden, unabwendbar und unbelehrbar von Aufrufen zum guten Benehmen. Wer über ein Jahrzehnt lang Vaterfäuste, Lehrerfäuste und Pfaffenfäuste auf seinem Kopf und seinem Körper aufschlagen fühlte, dem hilft kein *anger management course*, der will nur dazwischenfahren und »Stopp« brüllen.

Wie in Indien, als ich im Gewühl eines Großstadt-Trottoirs Schreie hörte, verzweifelte Schreie. Ich drängte mich durch und sah einen Mann, vermutlich den Vater, auf einen vielleicht Zehnjährigen ausholen, vermutlich seinen Sohn. Schwungvoll und unbeeindruckt ausholen, trotz der Tränen und trotz des Flehens des Kleinen. Ich packte den Rabiaten am rechten Oberarm und informierte ihn mit überschlagender Stimme, dass ich die Polizei holen würde, wenn er nicht sofort seinen Sadismus abstelle. Das wirkte. Möglicherweise nahm er jetzt die missmutigen Blicke der anderen wahr, kann sein, dass er sich nicht mit einem »Weißen« anlegen wollte.

Keine Ahnung, auf jeden Fall hatte der Junge seinen Frieden. Solange ich in der Nähe war.

Hinterher wurde mir klar, dass der Ruf nach der Polizei in Indien nicht unbedingt zum Weltfrieden beiträgt. Denn bei den hiesigen Ordnungshütern weiß man nie so genau, wessen Ordnung sie gerade hüten. Die der Kinderschläger, die der Korrupten, die der Vergewaltiger? Und dann fiel mir das Wort vom »Fluch der guten Tat« ein. Möglich, dass das Kind zu Hause die doppelte Portion Hiebe bekam. Um für die öffentliche Demütigung des Vaters zu büßen. Aber ich bereute nichts. Man kann keine Absicht bis zur letzten Konsequenz zu Ende grübeln. Irgendwann muss eine Tat her, irgendwann muss man bereit sein, die Konsequenzen dieser Tat auszuhalten.

Nächstes Beispiel. Arztpraxis. Das ist ein Ort, an dem die Nerven grundsätzlich blank liegen. Wer sitzt schon begeistert unter anderen Genervten in einem kahlen Raum, in dessen Mitte ein Tisch voller Friseursalon-Illustrierten steht? Ich las angestrengt in der mitgebrachten Zeitung, um mich und die Welt zu ertragen. Bis eine Frau in diesem typisch nörgelnden Ton auf ihr Kind einredete. Das herumschlenderte, Dinge inspizierte, sich die Leute anguckte. Eben ein Winzling, den eine wunderbare Neugier trieb. Aber das Weib wollte keine wissenshungrige Tochter, sie wollte eine Gehorsame, eine artige Stillsitzerin. Wie sagte es Frank Zappa: »Je langweiliger das Kind ist, desto mehr Komplimente bekommen die Eltern.«

Meine Ruh war hin. Denn die Gouvernante hörte nicht auf. Offensichtlich sollte ihr Nachwuchs werden wie sie: stinken vor Fadheit und später — sie tat es gerade — *Gala* durchblättern mit »Ehe kaputt!« als Titelgeschichte. Um das Klischee zu vervollständigen: Wie ihr Begriffsvermögen, so lief auch ihr Leib bereits auseinander. Und der Ton der Beleibten wurde penetranter, irgendwann schrill, ja, schwerst hysterisch. Stimmbänder, die Glas zerschneiden.

Wird ein Kind nicht körperlich bedrängt, halte ich mich eine Weile zurück. Ich bin nicht als mobiles Jugendgericht unterwegs. Zudem kann sich eine Situation entspannen, die Tonlage wieder gemäßigter werden.

Aber nichts entspannte sich, die Kanonade geifernder Zurechtweisungen ging weiter. Bis ich mir – unter Aufbietung letzter zivilisierender Kräfte – verbat, sie als kreuzblöde Idiotin anzusprechen, die in ihrem Scheißleben nichts anderes zu tun hatte, als ihre Tochter darauf zu dressieren, die gleiche kreuzblöde Idiotin zu werden wie sie. In solchen Momenten fange ich an zu zittern. Ausgelöst wohl von diesem uralten Hass, den einst jeder jeden Tag anstachelte, der sich dazu berufen fühlte, mich, das machtlose Kind, meiner Freiheit zu berauben: indem er Anordnungen und Befehle auf mich niederprasseln ließ, die mich zu all dem aufforderten, was ich verachtete.

Wie ich in Bruchteilen einer Sekunde zu dem indischen Sohn mutiert war, so mutierte ich jetzt zu dieser französischen Fünfjährigen, die leben wollte und nicht leben durfte: Weil ihre Mutter, die ihr Hirn wohl als Schließmuskel herumtrug, sie brachial daran hinderte. Wie ein Dämon fuhr dieser Hass in mich, und ich informierte – jedes Wort ein Messer – die Ärmste im Geiste laut und deutlich darüber, dass sie ab sofort ihr »dämliches Mundwerk« halten und das Kind in Ruhe lassen solle.

Sie hob den Kopf und sah, wie aus meinen Augen Feuer fauchte. Ich kenne diesen Zustand an mir, und er ist eindeutig. So redete sie nicht dagegen, nuschelte nur unverständlich und – schwieg. Das Kind reagierte kurz irritiert, schaute auf die Mutter, schaute auf mich und – lächelte. Und düste wieder durch das Wartezimmer. Um ein Haar hätte ich Ringelreihen mit ihm getanzt. Aus Freude über so viel (lebensbejahende) Renitenz.

Mein Vater war nicht der Einzige, der Kinder nicht aus Liebe in die Welt setzte, sondern weil er Sparringspartner brauchte: um an ihnen seine Wut über das eigene misslungene Leben abzuarbeiten. Söhne als Projektionsfläche für alle Pleiten. Wie jemanden mit Hurra umarmen, wenn man an längst erdrosselten Sehnsüchten erstickt?

Aller schlechten Dinge sind drei, hier das letzte Beispiel: Ich war mit einem Fernsehteam in Altötting, um dort, im unsäglichen Geburtsort, Stellung zu nehmen zu den im »Scheiß-Buch« erzählten Szenen des Missbrauchs und der Misshandlung. Wir drehten in einer unbelebten Straße, die Kamera war eingerichtet, ich stand davor, die Regisseurin stellte die Fragen. Das ging gut, bis ein Mann, Typ Daddy, aus einer Seitengasse kam, innehielt, aus fünf Metern Entfernung zuhörte, wie ich detailliert eine zügellos-körperliche Züchtigung beschrieb, er sich näherte, ungeniert die Aufnahme unterbrach und den einen Satz sagte, den keiner in meiner Gegenwart aussprechen darf: »Ein paar Maulschellen haben noch niemandem geschadet.« Und ich, nach einer Schrecksekunde, auf ihn zuging, ihn schüttelte und ihn aufforderte, die »Kacke« nochmals zu wiederholen. Und der Typ mich zurückstieß, und ich – jetzt gewiss schwarz im Gesicht vor Abscheu – ihn ein zweites Mal packte, bereit, ihm in die selbstzufriedene Fresse zu schlagen: Da waren schon zwei Leute vom Team dazwischengegangen, um einen Akt der Körperverletzung zu verhindern.

Dass ich die drei Fälle erwähne, demonstriert unzweifelhaft, dass meine Sozialisation in manchen Lebensbereichen nicht gelungen ist. Aber es ist auch nicht die Aufgabe eines Autors, sich als sittlich Hochbegabten herauszuputzen. Sondern von der Wirklichkeit zu erzählen. Die so oft von Sittlichkeit nichts weiß.

Und: Dass ich überhaupt davon berichte, hat nur deshalb seine Berechtigung, weil das, was mir widerfahren ist, Millionen, nein, Hunderten von Millionen Kindern widerfuhr. Widerfährt.

Und noch etwas zeigen diese Vorkommnisse: Ein Kind vergisst nicht. Nie. Auch nicht mit neunzig. Es lernt vielleicht, damit umzugehen, die Übergriffe einzuordnen, sie »zu verstehen«: als Ausdruck beschädigter Frauen und Männer, die wohl gleichfalls – zu ihrer Zeit – Dellen an Leib und Seele verpasst bekamen. Und nun ihre eigenen Mühseligkeiten mittels linker Gerader in neun Jahre alte Gesichter abarbeiteten und/oder ihre pervers verkommene Sexualität via Kinderhintern befriedigten.

Keine Krankheit scheint erblicher zu sein als Gewalt.

Und ein Drittes, was so viele nicht hören wollen: Ein Kind verzeiht nicht. Auch das nie. Hier die Mail eines Lesers, der ebenfalls auf »Das Scheißleben meines Vaters ...« reagierte: »Ich dachte immer, ich hätte meinem Vater die Untaten verziehen, die er an mir begangen hatte. Von wegen. Als ich Ihr Buch las, brach der ganze Hass wieder auf, die ganze Hilflosigkeit. Mir wurde klar, dass ich mir etwas vorgemacht hatte, um den Schmerz auszulöschen.«

So treffsicher. Niemand vergibt zehn Jahre Erniedrigung. Viele glauben zu verzeihen. Ein Akt, der mithelfen soll, die Pein zu ertragen. Auch die Wucht der eigenen Rage. Man ist »nachsichtig«, um nicht zu zerbrechen. Um die Vergangenheit auszuhalten. Zudem hört sich das gut an. Für sich selbst und die anderen. Zuletzt verschafft der Akt der Vergebung ein Gefühl der Überlegenheit, der Stärke, er mindert das Ausgeliefertsein: Jetzt ist man nicht mehr Opfer, jetzt ist man Täter. Einer löblichen Tat. Wer freispricht, ist der moralisch Höherstehende. Wie hübsch das klingt. Nur eben falsch. Grundfalsch.

Der französische Präsident François Hollande sagte in einer Gedenkrede: »Die Attacke vom 13. November 2015 wird im Gedächtnis der Jugend wie eine schreckliche Initiation in die Härte der Welt bleiben.« Wie fein formuliert. Und wie seltsam naiv. Als ob erst Dschihadisten bei uns landen müssten, um uns von den Nachtseiten des Lebens zu erzählen.

Auch nach den mörderischen Überfällen in Paris gab es Leute, die per Facebook etc. wissen ließen, dass sie den Mördern vergeben. Und kein Hass sie jagt. Was für ein pathetischer Bullshit. Jenen vergeben, die einem das Liebste – die Geliebte, den Geliebten, die Frau, den Mann, die Kinder – geraubt haben? Das ist obszön. Und herzzerreißend verlogen.

Der letzte Teil dieses Textes soll heiter werden. Denn ich erträume mir ein (imaginäres) Kind. Ich, der weder Vater sein will noch träumen mag. Und doch überkommen mich bisweilen Momente, in denen ich mir vorstelle, wie ich eine Tochter oder einen Sohn erzöge. Oder wie ich gern erzogen worden wäre. Ich vermute, das tun viele Frauen und Männer. Selbstverständlich wäre ich »in echt« ein miserabler Vater. Da viel zu schwach und viel zu gebeutelt von den Schäden und Kollateralschäden der Jahre. Aber der Traum bleibt.

Er geht so: Ich würde das Baby der Mutter kurz wegnehmen und es sanft an mein Herz drücken. Noch im Kreißsaal. Und ihm Liebe schwören. Eine Art Heidentaufe. Als Vorwort. Zum Dasein.

Dann begännen die Mühen der Ebenen: Ich würde – verkünde ich hier prahlerisch – das nächtliche Brüllen und tägliche Vollmachen hinnehmen, ja, mit der Mutter die Sisyphusarbeit teilen: als Ausdruck meiner Dankbarkeit, dass ich ein Kind geschenkt bekam.

Ich würde jede Regung des Kindes zulassen, wenn es zur Welterkundung unterwegs ist, sprich, seinen Drang nach Erkenntnis nie bremsen. Nur in Augenblicken der Gefahr.

Ich wäre Held und würde ihm alle seine tausend Fragen, pro Woche, beantworten.

Ich würde ihm abends vorlesen und dabei trickreich versuchen, es zum Lesen zu verführen. Per Buch, per Tablet, per Mac, egal. Damit es eines Tages von jedem lernen kann. Auch von jenen, die längst Vergangenheit sind.

Ich würde es in eine gemischte Schule stecken, an der »Ethik« unterrichtet wird. Wo von Werten und Normen die Rede ist, die für den humanen Umgang zwischen den Weltbewohnern unerlässlich sind. Ich würde darauf bestehen, dass es zudem etwas über die Geschichte der Religionen erfährt. Damit es begreift, in welche Abgründe von Wahn der Glaube an Gott die Menschheit geführt hat.

Ich würde ihm von einem jüdischen Schriftsteller erzählen, den ich einst in Australien traf und der mir eine aufreibende Parole schenkte, eine, die er, der Auschwitz-Überlebende, gern den Nachkommen mitgäbe: »Think for yourself!«

Ich würde meinem Kind die *Erklärung der Menschenrechte* auf das Nachtkästchen legen. Mit dem dick und rot unterstrichenen Satz: »Alle Menschen sind frei und gleich an Würde und Rechten geboren.« Sie ihm vollständig vorlesen und es bitten, eine Weltfrau (oder ein Weltmann) zu werden, die/der selbstbewusst und respektvoll mit ihren/seinen sieben Milliarden Zeitgenossen umgeht. Solange sie es tun.

Ich würde ihm zeigen, dass »Toleranz« ein Scheißwort ist. Und ihm Goethe, unseren Großmeister, zitieren: »Toleranz sollte eigentlich nur eine vorübergehende Gesinnung sein; sie muss zur Anerkennung führen. Dulden heißt beleidigen.«

Doch ich würde ihm auch klarmachen, dass man vieles nicht einmal tolerieren darf. Dass man sich wehren muss. Weil Dummheit und Machtgelüste sich nie erschöpfen. Weil sie uns bis in den Schlaf bedrängen: um uns ins Gatter der blökenden Mehrheit zu pferchen.

Ich würde zu beweisen versuchen, dass der *American way of life* noch immer die furchterregendste Massenvernichtungswaffe ist, die je erfunden wurde: die Gier, so Tracy Chapman, nach *mountains of things*. Die wie eine Seuche, längst weltweit, unsere Erde auffrisst.

Sonst hätte ich nicht viel zu melden. Vielleicht noch, dass ein sinnliches, sinnenfrohes Leben entschiedener den Glücksquotienten nach oben treibt, als ab sieben Uhr morgens die Nase gegen eine Karstadt-Tür zu pressen: um sich – Punkt neun – auf Schlussverkauf-Wühltische zu stürzen.

Haha, mein fiktives Kind wird nie Wirklichkeit. Weil ich doch der klägliche Vater wäre, dem allemal Autorität und Talent fehlen, um es mit der Erziehung eines Menschen aufzunehmen. Ich, der schon froh sein muss, wenn er nicht selbst der Welt zur Last fällt. Zudem heißt es, dass Kinder wenig auf ihre Eltern hören, ja, ihre eigene Richtung einschlagen. Unheimlich die Vorstellung, dass mein »Wunschkind« ein Spießer würde oder ein Weltverächter oder eines, das sich nicht hinaustraut ins Leben. Eine Pfeife eben, die – nicht auszudenken – abends im Bett Paulo Coelho liest.

So will ich schwören mit allen zehn Fingern: Nie soll ein Vater aus mir werden! Aus Liebe, aus schierer Liebe zu meinem nie geborenen Kind.

PARIS

Es gab keine Geliebte in meinem Leben, um die ich schweiß-
treibender gekämpft hätte. Und zeitraubender. Als um sie.
Als um die Schönste unter der Sonne. Als um Paris.

Schon mein erster Auftritt endete in einem Fiasko. Morgens um neun waren ein befreundetes Ehepaar und ich nach
langer Nachtfahrt in der Hauptstadt angekommen. Die
mehrmals eingeforderte Pinkelpause war mir von den beiden versagt worden. Ich solle mich auf den teuflischen Verkehr konzentrieren, für private Bedürfnisse sei jetzt keine
Zeit.

Als wir endlich vor der richtigen Adresse stoppten, stürzte
ich aus dem Käfer und suchte, winselnd wie ein Hund, nach
einer geschützten Ecke. Die es nicht gab. Dafür eine offene
Haustür. Durch die ich hineinhetzte. Und losließ. Mitten
auf dem Marmorflur.

Vielleicht hat die Schöne mich beobachtet. Und mich,
den 22-Jährigen, sogleich verachtet. Und sich ein Arsenal
von Züchtigungen überlegt. Klar, ich war jung und dumm,

ich wusste noch nicht, dass man einen Inbegriff von Sehnsucht erobern muss: mit Französisch-Sprechen, mit Weltmann-Sein, mit Umgangsformen, mit Schliff, mit Geld (aber ja), mit Esprit, mit dem Auftreten eines Mannes, von dem die Angebetete denkt: Den will ich haben!

All das hatte ich nicht. Stellte mich eher als Prolet vor, der Paris als öffentliches Pissoir missbrauchte. Dabei steckte in meiner Hosentasche ein Satz von Rilke, den ich mitgebracht hatte: »Ich hätte alles nötig, was Paris ist.« Und ich hatte nichts, wonach Paris verlangte. Ich war einer von Millionen, die sie übersah.

Nein, tat sie eben nicht, denn sie erinnerte sich an meine Untat und holte aus. Tags darauf traf ich meine Freundin, die hier als Au-pair arbeitete. Und die mich lapidar wissen ließ, dass nun ein anderer mit ihr beschäftigt sei. Klar, ein Pariser. Nicht genug. In der folgenden Nacht wachte ich in meiner Absteige auf, gejagt von Schmerzen im rechten Mittelfinger, inzwischen prachtvoll geschwollen. Ich rannte auf die Straße, streckte einem Taxifahrer den lädierten Körperteil entgegen und stotterte: »Hospital, hospital, please!«

Ich landete im Hôpital Lariboisière, in einem Krankenzimmer mit vierzig Leuten, viele wimmernd und ächzend. Überraschenderweise wurde ich bereits acht Stunden später operiert. Aus Dank bin ich heimlich verschwunden. Da unversichert und ohne (genügend) Geld.

Auf der Heimfahrt, wieder tausend Kilometer endlos, musste ich meinen Freunden zuhören, dem keifenden Ehepaar. Wie auf der Hinfahrt. Nur trug ich diesmal einen imposanten Verband. Doch nichts störte, nichts. Denn mein Herz loderte, da rasend verliebt. In Paris. Ich war besoffen von dieser Stadt. Zu viel hatte ich gesehen. Zu viele mondäne Avenuen, zu viele Märchenbrücken, zu lange auf die

Seine gestarrt und den nachtroten Himmel über ihr, zu vielen Frauen hinterhergeschaut, zu viele elegant gekleidete Männer beneidet, zu lange die Sprache, die Sprache der Auserkorenen, vernommen, zu lange auf dem obersten Stockwerk der Galeries Lafayette gestanden und auf die Zinkdächer mit ihren Schornsteinen geblickt, ja, ein Paar beobachtet, ein kicherndes, das an einem Fensterrahmen lehnte und schmuste (und mir schwante, dass Liebe machen in Paris zu den sieben Wundern eines Menschenlebens gehört), zu oft – weit nach Mitternacht – dem »murmure« gelauscht, dem Murmeln und Flüstern, das Balzac einmal erwähnte, als er die Poesie und das Geheimnis der still gewordenen Gassen und Plätze beschrieb.

Wohin ich mich auch drehte: Jeder Schritt beförderte das Schwindelgefühl. Mit jedem Atemzug wurde mir bewusst, dass hier Götter gelebt hatten, Frauen und Männer, deren Bücher ich als Altar neben meinem Bett gestapelt hatte: Camus, Colette, Prévert, Gide, Beauvoir und nochmals Camus, fünf von fünfzig SchriftstellerInnen, die ich als Herzschrittmacher in mir trug.

Ich sah keinen Schatten, kein Leid, kein einziges Großstadtelend. Ich sah nur Licht.

Immer wieder hielt ich mittendrin an und sprach leise die drei Wörter, die ich fehlerlos beherrschte: »Je suis là«, ich bin da, streckte meine Arme aus und sah, wie Goldadern unter meiner Haut zitterten.

Vielleicht habe ich mir das Gold eingebildet, aber ich zitterte, ja, meine Hand vibrierte, als ich den absonderlichen Zustand in mein Notizheft eintrug. Viele Jahre später würde ich über Stendhal lesen, dass er bei einem Spaziergang durch Florenz umgefallen sei. Da so mitgenommen vom Glanz der Stadt. Okay, ich bin in Paris nicht k. o. gegangen, doch bisweilen spürte ich einen Druck hinter den Augen. Ach, die dicken Tränen der Seligkeit, sie warteten nur darauf, loszufließen.

Niemand wird mit Sicherheit sagen können, warum Liebe für etwas ausbricht. Oder zu jemandem. Das Herz, wir wissen es längst, findet Gründe, von denen der Verstand nichts weiß. Aber *eine* Erklärung ist in meinem Fall gesichert: Knapp zwei Jahrzehnte lang war ich in einem Kral aus Hässlichkeit und geistlosem Mief aufgewachsen, und ich versprach mir – sobald ich sehen und denken gelernt hatte –, dass ich dorthin auswandern würde, wo die Sonne aufgeht. Wo sie nicht kriechen und winseln, sondern wo Geist umgeht und Frauen und Männer sich bewegen, die im Sternzeichen der Aufklärung ihre Zeit verbringen.

So schwor ich mir, mit dem pompös verpackten Finger am Schaltknüppel, dort eines Tages zu leben. Ich begriff, ganz instinktiv, dass Schönheit als Heilmittel taugen könnte. Wie die Nähe zu Literatur, zu fulminanten Gedanken. Gegen alles, was an Zumutungen noch kommen würde. Und dass ich eines mit Rilke teilen durfte: den Hunger nach dem Weltwunder Paris.

Ich kam zurück. Jahre danach. Und scheiterte. Und lief weg. Und kam ein drittes Mal. Und scheiterte wieder. Aber diesmal blieb ich, hielt den Demütigungen stand und steckte alles weg: die Prügel (heftig und sehr konkret), die Unfälle auf der Straße (schmerzhaft), die Notärzte zu Hause (eher ratlos), die finanziellen Desaster (auch schmerzhaft), die Verlockungen einer Frau (in ein anderes Land zu ziehen). Lernte so – *the hard way* – die Spielregeln.

Klar, jeder dreht sich die Wirklichkeit so zurecht, wie er sie versteht. Ich verstand, dass es meine letzte Chance war, um in Paris zu bestehen. Und ich erinnerte mich daran, dass ich ein Spätzünder war, der länger als andere brauchte, um anzukommen. Ganz gleich, wo.

Irgendwann fing ich an, Glücksluft zu atmen. Und Pierre, ein Arzt, war dafür – entscheidend – verantwortlich. Ich hatte ihn in einem Café liederliche Reden halten hören. Beim Diskutieren über die Theke hinweg mit dem Patron. Und da ich jeden belästige, von dem ich vermute, dass ihn andere Träume begeistern als die des rechtschaffenen Bürgers, sprach ich ihn an. Liebe auf den ersten Satz. Und er lud mich zum nächsten »Abendmahl« – so nannte er es ironisch – zu sich nach Hause ein.

Ich kam, und seine Freunde riefen »hourra«. Und ich war gerettet. Hier trafen sich die »richtigen« Leute, Schreiber, Reporter, Fotografen, Maler, zwei Architekten, Frauen und Männer. Pierre kochte, und um den großen Tisch saßen zwölf, die sprudelten. Alle mit Hirn, alle mit Welthunger. Und nach dem Essen ging ein runder Handspiegel herum, mit einem Strohhalm daneben. Damit sich (fast) jede/r eine erste Portion Kokain in die Nase ziehen konnte. Wir kicherten und genossen vollkommen unschuldig, vollkommen unscheinheilig. Wir waren alle Genussjunkies. Jeder von uns arbeitete, die meisten mit erstaunlichem Erfolg. Und niemand zeigte Spuren von Abhängigkeit. Wir snifften und plapperten weiter. Die gängige Moral von wegen Suchtmittel war kein Thema, wir waren stillschweigend davon überzeugt, dass Erwachsene ihren Körpern das zuführen dürfen, was sie für gut befinden. Dass es heimlich vonstattengehen musste, auch logisch: Die staatlich verordnete Doppelmoral – Drogen nein, Saufen ja – forderte Vorsichtsmaßnahmen.

Plötzlich, während einem dieser nächtlichen Dinner, hielt ich inne und grinste. Weil ich sie endlich verstand: diese

Wand, diese mächtige, unsichtbare Barriere, die mich so lange von Paris getrennt hatte. Trotz meiner haltlosen Verehrung. Diese Sperre war so offensichtlich, doch ich hatte mich geweigert hinzusehen. Vielleicht aus Eitelkeit. Wer gibt leichtfertig seine Einsamkeit zu? Ja, ich war einsam. Wie peinigend, wie banal. Nein, nicht physisch allein, denn ich hatte ja bereits vorher Frauen und Männer kennengelernt. Und die einen gewiss (auch) intim. Aber ich konnte nicht andocken. Nicht im Hirn, nicht im Herz. Ich mochte sie, ich begehrte sie. Doch sie flirrten nicht. Sie waren tüchtig und gescheit und, ja: fügsam. Nein, nicht mir, sondern dem Leben gegenüber. Sie zündeten nicht, sie trauten sich keine waghalsigen Gedanken. Provozierte ich sie, dann antworteten sie: »Ja schon, aber ...«.

Natürlich bestand die Einmaligkeit von Pierres Clan nicht darin, dass er sich weißes Pulver in die Blutbahn jagte. Das machen Tausende in dieser Stadt. (Ich kenne Hardcore-Philister, die es tun.) Was mich so hinzog, immer wieder: Sie waren *esprits libres*, Freigeister, Künstler, Spötter, Skeptiker, Weltbewohner, weltversessen, weltwach, lustig, unerreichbar für jede Art ideologischen Hokuspokus, penetrant taub für jeden religiösen Erlösungsbimbam.

Zeitgleich waren sie Franzosen, so typische: halbstundenweise jammernd über den Staat und den Niedergang der *Grande Nation*. Und anschließend – nicht dass jemandem der Widerspruch aufgefallen wäre – feierten und priesen sie wieder ihr Land, ihre Sprache, ihre Stadt. Ich feierte mit und kam nie auf die Idee, ihnen etwas nachsehen zu müssen. Denn wer Frankreich und Französisch und Paris der Welt geschenkt hatte, der soll nicht den Bescheidenen aufführen, der darf die dicksten Töne spucken. Bis ans Ende aller Tage.

Jetzt war ich angekommen. Jetzt akzeptierte mich die Glorreiche. Ich fühlte es, ich wusste es. Das kleine Wunder erinnerte mich an eine Frau, die sich lange abgewendet hatte und die irgendwann die Arme ausbreitete. Nun »gehörte« mir beides, die sagenhafte Schönheit und die menschliche Wärme. Ich begriff, dass ich Paris ohne die anderen nicht geschafft hätte. Das Schöne allein verstrahlt keine Warmherzigkeit. Ich muss in der Nähe von Frauen und Männern atmen, die mich – grundsätzlich – bejahen. Und mit denen, ebenso lebensfördernd, der *mindfuck* möglich ist, das Vögeln im Kopf. Nach jedem Drei-Stunden-Essen durfte ich mit dem triumphalen Gefühl nach Hause gehen, ein paar Nuancen heller zu sein. Getragen von der stillen Freude, dass man selbst etwas hergab, das die Zuhörer mit Neugier und Fragen belohnten. Mentale Hitze war ausgebrochen. Ich sehnte (und sehne) mich danach, so innig wie nach der erotischen Vertrautheit mit einem verlockenden Körper.

Das Verlangen nach geistiger Heimat wuchs umso heftiger, als inzwischen unübersehbar geworden war, dass Paris nebenbei eine *bitch* sein konnte: dass hinter dem Traum so manche Düsterheit hauste, dass auch Horden von Proleten hierherzogen, dass nicht wenige glaubten, ganz ohne Freundlichkeit auskommen zu können.

Der französische Psychoanalytiker Jacques Lacan behauptete: »Man liebt jemanden für das, was er nicht ist, und man verlässt ihn für das, was er ist.« Das mag oft stimmen, in meinem Fall nie und nimmer. Obwohl ich jetzt von den gemeinen Schatten über Paris wusste, war an meiner Standfestigkeit nicht mehr zu rütteln: Ich liebte, blindlings. Und diese Blindheit, der kein Augenblick Schönheit entging, war unheilbar. Kein Gott, kein Teufel, kein menschliches Wesen würde mich je wieder zur Abtrünnigkeit verführen.

Nein, ich werde keine Informationen zu Paris abliefern. Nichts über Museen, nichts über Monumente und nichts über die besten Adressen der Haute Cuisine. Damit sie nicht zum nervtötend tausendsten Mal in einem Buch stehen. Auch keine Hinweise auf Darkrooms, Massagesalons, BDSM-Hinterzimmer und Treffpunkte für Swingerfreunde. Mailen mir Leser und betteln um Tipps, dann bekommen sie stets die Mutter aller Tipps: »Öffnen Sie Ihre fünf Sinne und flanieren Sie.« Wer das befolgt, wird überschüttet werden. Mit Zeichen und Wundern.

Dieses Buch ist kein Reiseführer, dieses Buch soll zum Leben anspornen. Und Paris ist ein wunderbarer Katalysator dafür.

Aber ein paar Episoden will ich erzählen. Sie sind nicht immer bezaubernd. Sind auch skurril, verstörend, erhellend. Ich liebe Paris auch deshalb, weil es groß und anstrengend ist und bisweilen rabiat die freien Radikale lostritt. Ein Dorf mit 200 Dörflern treibt mich in den Selbstmord, Freitod wegen Stumpfsinns. Zwei Millionen Großstadtmenschen beleben mich. Jeder hat seine Story, jeder seine Ziele und seine Pleiten, jeder – okay, fast jeder – besitzt ein Herz und die dazugehörigen Risse. Das alles ergibt ein Meer von Energie, manchmal voller Zauber, manchmal voller Aberwitz, manchmal dornenreich und rätselhaft.

Hier die erste Begebenheit. Bei der ich nicht dabei war. Leider. Sie ist knapp hundert Jahre alt. Sie dauerte vielleicht zwei Minuten, und in ihr steckt 1001 Mal Paris: Es war angenehm still in der berühmten Boutique, Rue Cambon 31, direkt hinter dem Hotel Ritz. Sommer 1921, eine Kundin hatte sich gerade Chanel N° 5 einpacken lassen. Beim Hinausgehen drehte sie sich um und wollte wissen, wo sie es auftragen sollte. Keine so abwegige Frage, denn das nagelneue

Eau de Parfum galt als revolutionär, und einen Fehler zu machen war durchaus möglich. Zufällig befand sich der Schriftsteller Paul Valéry im Laden, er ließ es noch eine Nuance stiller werden, dann bemerkte er nachlässig: »Überall da, Madame, wo Sie geküsst werden wollen.«

So ein Satz kann nur in Paris zur Welt kommen. So berauschend, so elegant, so frivol.

Die nächste Szene ist all das nicht. Wieder ein Sommer, aber keine Dame spielt die Hauptrolle, dafür eine Obdachlose, ziemlich abgerissen. Und auch kein Dichter ist Zeuge, sondern fünfzig oder hundert Unbekannte. Auch zog kein feiner Duft vorbei, dafür die Ausdünstungen von Menschen, die dicht gedrängt in der Metro standen und schlecht gelaunt in der späten Nachmittagshitze darauf warteten, ihr Ziel zu erreichen. Wie ich.

Eine Frau um die dreißig ging durch die Reihen und stimmte ihren Trauersingsang an: dass sie allein sei, dass der Mann tot sei und dass sie um eine kleine Spende bitte. Und keiner zückte einen Euro. Keiner. Vielleicht dachten alle wie ich: dass man um diese Zeit bei diesen Temperaturen nicht betteln gehen sollte und dass man zehn Minuten zuvor schon eine ähnliche Jeremiade gehört hatte und dass man jetzt lieber weghörte und krampfhaft in die Zeitung oder aufs Handy starrte.

Aber diesmal kamen wir nicht davon. Die Abgewiesene wechselte plötzlich in einen harten, aggressiven Ton, drehte auf und rechnete mit uns ab: was für armselige Wichte wir seien, wie hartherzig, wie eisig und selbstgerecht. Was für eine erbarmungslose Welt das sei, in der niemand mehr mitfühle mit jemandem, dem es schlecht gehe.

Ganz laut sprach sie, mitten unter uns. Und keiner von uns Würstchen machte den Mund auf und versuchte sich zu rechtfertigen. Es gab nichts zu rechtfertigen, es gab keine Ausrede. Es gab nur diesen einsamen Menschen und uns, die wir es ungerührt aushielten, dass eine vor unseren Augen hungerte.

Noch eine Momentaufnahme aus der Metro, auch anstrengend, doch mit einem respektablen Ende: Als der Zug in die Station Barbès-Rochechouart (hier gibt's Drogen!) einfuhr, sahen wir, die Passagiere, wie sich drei Männer auf dem Bahnsteig prügelten, genauer, zwei prügelten auf einen dritten ein.

Als die Türen aufgingen, riefen die Leute in Richtung der Raufbolde: »Arrêtez! Arrêtez!«, *Hören Sie auf! Hören Sie auf!* Was niemanden beeindruckte. Doch im letzten Augenblick, als die Sirene ertönte, riss sich der Malträtierte los und stürzte durch die sich schließende Tür. Die zwei folgten, durch eine andere Tür. Sofort zog der erste ein Messer, und die drei begannen sich – über fünfzehn Meter hinweg – zu beschimpfen. Zu laut und zu wüst, um präzise zu erfahren, worum es ging. »Mon fric«, hörte ich einmal, okay, sie rauften um Geld.

Ich stand neben dem Bewaffneten. Aber diesmal war ich tapferer, auch unter dem Eindruck der Demütigung jener Frau, die um ein Almosen gebeten hatte. Eine weitere Schmach wäre unverzeihlich. Ich blieb, unerklärlicherweise, ruhig und gefasst, glaubte zu sehen, dass der Messerträger ansprechbar war. Und sprach ihn an und legte behutsam meine Hand auf seinen rechten Unterarm: Er solle doch bitte die Klinge zurückschnappen lassen, er würde die blutige Tat nur bereuen, zu viele Zeugen seien vorhanden, zudem hätten wir genug Gewalt in der Welt. Die Predigt wirkte tatsächlich, und der Zornige schaute mich – geradezu unheimlich – treuherzig an. Das scharfe Teil verschwand in seiner Jackentasche. Ich gab ihm mein Taschentuch, sein Gesicht blutete.

An diesem Abend benahmen wir uns alle mutiger: Die anderen Fahrgäste bildeten ein Knäuel, sodass die Angreifer nicht durchkamen. Und der Verfolgte bei der nächsten Station mit sicherem Vorsprung entkommen konnte.

Nein, Paris ist nicht gefährlich, die Kriminalitätsrate liegt hinter der von London, Amsterdam, New York, ja hinter Frankfurt. Aber Bösewichte haben auch wir hier.

Jetzt eine heitere Geschichte, ohne Kriegsgerät und ohne Schuldgefühle. Ich war zu einem Interview bei Karl Lagerfeld angemeldet, dem Genie mit der Garderobe eines Bestattungsdirektors. Verabredet in seinem Privatschloss mitten in der Stadt: läuten an einem Portal für einen Generalfeldmarschall, dann den noblen Innenhof durchschreiten, dann vor dem Dienstboteneingang warten, den mir Hausdiener Clément öffnete. Der Meister war augenblicklich beschäftigt, ich durfte mich jedoch in die Ecke stellen und zuschauen. Zehn Assistenten hüpften um ihn herum, »le kaiser« (so nennt ihn die hiesige Presse) fotografierte gerade im palasteigenen Studio seine neue Frühjahrskollektion. War alles parat, drückte der Modeschöpfer per Kabel auf den Auslöser einer gigantischen Polaroid-Kamera, ein riesiges Foto kam zum Vorschein, und alle riefen: »Incroyablement beautiful, incroyablement beautiful.« Sofort wurde neu eingerichtet, Model Jodie Kidd wieder gestylt, gezupft, frisiert, mit noch weniger bekleidet als fünfzehn Minuten zuvor.

Nach dem zehnten oder elften *Incroyablement beautiful* hatte das Genie Zeit. Das heißt, ich fragte und Karl antwortete – nicht. Neben zahlreichen anderen Talenten besaß er die Gabe der Geheimniskrämerei. Er sagte, immerhin: »Ich bin ein Scherenschnitt, ein Emblem, einer, der sich nicht zugeben will.« Er möchte, so formulierte er es kryptisch, »der Welt abhandenkommen«. Das klang nonchalant, nur am Rande nach eitler Koketterie. Der Meister hatte längst begriffen, dass ein verratenes Geheimnis jeden Reiz verliert. So denke er nicht daran – obgleich schwer dotierte Angebote vorlägen –, seine Memoiren zu schreiben. Auch aus Trotz nicht, wollte er doch seinen Feinden nie die Ehre antun, sie zu erwähnen. Mit allen Rätseln, den leichten und dunklen, gedenke er zu vergehen.

Der Schlossbesitzer musste zurück zu seinem Stab, schon hungerte ihn wieder nach einem *Incroyablement beautiful*. Ich durfte bleiben. Und weit nach Mitternacht gingen alle superhappy auseinander. Monsieur Lagerfeld hatte einmal mehr bewiesen, dass man in einer fabelhaft belanglosen Welt leben kann. Wenn man nur renitent genug ist, sich nicht aus ihr vertreiben zu lassen. »Body by God / Dressed by Chanel«, las ich einst auf einem amerikanischen Flughafen. *Körper von Gott / Angezogen von Chanel*. Kein Intelligenzquotient wird diesen Vorsprung einholen. Man steht vor dem riesigen Poster. Und schrumpft.

Das letzte Geschichtlein begann dramatisch und endete in heller Freude: An der Seine gibt es einen Abschnitt, an dem sich die Schwulen in die Sonne legen. Ich lege mich manchmal dazu. Ein ruhiges Plätzchen, nie streifen lästige Heteros herum (man glaubt nicht, wie viele Querschädel sich für attraktiv halten), um Bikinischönheiten anzumachen. Hier blieb die Atmosphäre entspannt.

Ein Kahn mit Sand zog vorbei, von irgendwoher wehte ein Chanson von Francis Cabrel, das Paar neben mir amüsierte sich. Plötzlich der Schrei. In die Stille. Jeder reckte den Kopf, und alle sahen einen Mann in Badehose wild Richtung Wasser gestikulierend, verzweifelt brüllend: »Mon chien, mon chien!« Ein schwarzes Ding schaute aus dem Fluss, offensichtlich war der Hund über die gepflasterte Strandpromenade gefallen. Und davon mit den Fluten.

Sofortiger Aktionismus, fast alle sprangen auf und rannten dem Hundebesitzer hinterher, der versuchte, auf gleiche Höhe mit seinem Liebling zu kommen: und dann verwegen hineinhechtete, loskraulte, das Tier erreichte, es packte und zurück zum Ufer brachte. Und dreißig Hände streckten sich ihnen entgegen, um die beiden die Steilwand, einen glatten Meter hoch, hinaufzuziehen. Und ich dachte, was für ein hübscher Kerl und was für eine hässliche Kreatur, der Mops. Aber so ist sie halt, die Liebe, sie blickt immer nur ins Herz.

Noch ein Nachwort über die Tage, an denen der Hass in die Stadt zog, verlassen von jedem Liebesblick. Noch ein Wort über Paris, die Schwerverwundete. Niedergeschossen von Bimbos*, von religiös verblödeten Kleinkriminellen, die sich als Massenmörder von anderen religiös Verblödeten anheuern ließen. Und die jede Salve aus ihren Kalaschnikows, jeden Massakrierten mit einem Jubelschrei feierten. Ob die Hingerichteten in einer Redaktion saßen oder in einem Café flirteten oder in einem Konzertsaal Rockmusik hörten, einerlei, sie alle lebten, so verkündeten die Täter, in der »capitale des abominations et de la perversion«, in der Hauptstadt der Schändlichkeiten und des Sittenverfalls. Und

---

* Das Wort »Bimbo« hat verschiedene Bedeutungen, je nach Land. In Amerika ist »a bimbo« eine Frau mit großen Brüsten und kleinem Hirn. Im Deutschen ist es ein beleidigender Ausdruck für Schwarze. Einzig die Franzosen machen es richtig. Dort ist »le bimbo« der Trottel, der Strohkopf, und »la bimbo« das elend dumme Weib. So bekommen die Armen im Geiste – vollkommen unabhängig von Hautfarbe und Nationalität – jene Bezeichnung verpasst, die sie verdienen. In diesem Sinne wird sie hier im Buch verwendet.

sie, die Sittlichen, waren gekommen, um ihrem Gott des Gemetzels ein Denkmal zu setzen.

Viel Intelligentes, viel Klärendes ist nach den Attentaten gesagt und geschrieben worden. Weniger intelligent war der Hashtag »#PrayforParis«: Solch atavistischer Zinnober kommt nicht gut an bei einem Volk, dem Pariser Volk, dessen Vorfahren *le siècle des Lumières*, die Aufklärung, eingeläutet hatten. Und das schon vor langer Zeit begriffen hat, dass trotz billiardenfachen Flehens hinauf in den Herrgotthimmel noch nie eine Untat verhindert worden war. Oder eine herzenswarme Tat geschah. Denn stets und jedes Mal sind einzig Menschen dafür verantwortlich, wenn sie einander hassen oder einander lieben.

Doch es gab andere Hashtags, schön irdisch, ganz von dieser Welt: »#ParisWeLoveYou«, nicht schlecht. Oder »#Parisjetaime«, auch löblich. Aber der beste kam von Comicautor und Filmregisseur Joann Sfar: »Friends from the whole world, thank you for #prayforParis, but we don't need more religion! Our faith goes to music! Kisses! Life! Champagne and joy! #ParisisaboutLife.«

Ach, wie zauberisch wahr: Geht es um Paris, geht es um das Leben. Und alle, die der Erleuchteten das austreiben wollen – mit welch absurden Aufrufen und welch mörderischem Frevel auch immer: Sie alle werden scheitern. Egal, aus welch obskurer Ecke sie anrücken.

Über der Rathaustür meines Arrondissements hing – Tage nach dem 130-Tote-Desaster – ein Poster mit der Aufschrift: *Fluctuat nec mergitur*, ein Satz aus dem Wappen der Stadt. Frei übersetzt: Paris schwankt, aber es wird nicht untergehen. Ja, wir haben geschwankt, und wir haben uns die Tränen aus dem Leib geheult. Nicht das erste und sicher nicht das letzte Mal.

Aber keinen Bruchteil einer Sekunde überkam uns Freunde – dreißig Radsekunden von Pierres Wohnung und fünfzig von meiner entfernt steht der Konzertsaal Bataclan – der Fluchtgedanke: Weg! Weg aus Paris! Hatten wir doch längst den Treueeid geschworen, ja, jeder Wohnort jenseits der Stadtgrenzen erschien uns grundsätzlich wie eine Stätte der Verbannung.

Die Tage danach musste ich oft an Yves denken. Ich hatte ihn als Chef der *Black Dragons* kennengelernt, der damals – in den Achtziger-, Neunzigerjahren – größten Jugendbande Frankreichs. Nach Aufenthalten in Miami, um *Close combat*, in Shanghai, um *La boxe chinoise*, und in Japan, um das geheimnisvolle *Ninja* zu trainieren, war er nach Paris gezogen. »Yves le vent« – Yves, der Wind, wegen seiner Schnelligkeit – war ein Martial arts-Meister. Ein ungemein warmer Mensch, der seine Gang, eine »gute« Gang, gegründet hatte, um auf die Skinheads loszugehen, die Schwarze und Araber in den Vororten um Paris und andere Großstädten drangsalierten. Da es die Polizei nicht kümmerte.

Wer dazugehören wollte, war zum Schwur verpflichtet, sich in jeder Situation »courtois et chevaleresque« zu verhalten. Höflich und ritterlich. Nur die Neonazis, sie verdienten Züchtigung, sie mussten »demoliert« werden.

Ich begleitete ihn eine Woche lang, auch zu einer Schlägerei mitten auf der Straße, auch ins Krankenhaus, weil ihn ein Schlagring am Hinterkopf getroffen hatte. Einmal fragte ich ihn, wie er mit all den Zumutungen umgehe, und Yves, der in einem Banlieue wohnte, lächelte und meinte: »Jeden Morgen stelle ich mich ans Fenster meines Schlafzimmers, schaue Richtung Paris und stoße einen Schrei der Freude aus.« Un cri de joie pour Paris!

Ein Moment im Leben – Nachtfahrt

Das ist eine Episode, für die ein Autor sich niederwerfen muss. Aus Dankbarkeit. Sie passiert ihm alle hundert Jahre, und wenn sie passiert, dann ist sie grandios: Ich bestieg um 23 Uhr einen Bus (die Bahn streikte, wieder einmal), wollte zum nächsten Ort einer Lesung. Auf dem Weg zu den hinteren Plätzen kam ich an einer Frau vorbei, die das Buch las, das ich vor Wochen veröffentlicht hatte. Das war erfreulich, aber keine Sensation. Schon öfter habe ich Leute gesichtet, die einen Titel von mir in Händen hielten. Diese Erfahrung macht vermutlich jeder Schreiber, der wahrgenommen wird.

Phänomenal wurde es erst zwei Stunden später, als ich kurz nach ein Uhr meinen Namen hörte. Direkt über mir, aus einem der Lautsprecher des Busradios. Wie jeder in einer solchen Situation war ich sofort hellwach. Ja, ich hörte jemanden das erwähnte Buch besprechen. Einen Kritiker, der eifrig und schlecht darüber redete. Ganz schlecht. Ich kannte den Mann, er hatte sich bereits vor Jahren auf mich eingeschossen. Alles haute auf den 225 Seiten nicht hin, nicht einmal die Sprache.

Ich war nicht amüsiert, spürte den Stich im Busen, obwohl ich mich doch längst an das Giftmaul hätte gewöhnen müssen. Dann fiel mir Hölderlin ein, seine berühmten Zeilen aus *Patmos*: »Wo aber Gefahr ist, wächst/Das Rettende auch.« Und ich bannte die Aussicht einer traurigen Nacht, ging den Gang entlang und sah die Leserin noch immer in dieselbe Lektüre vertieft. Offensichtlich nahm sie die boshafte Stimme nicht wahr. Wie sie mich in diesem Augenblick heilte. Und wie unheimlich schräg das war: Einer spuckte auf das Buch, und eine – zeitgleich – konnte nicht mehr davon lassen.

GIER

Jeden Tag nehme ich mir vor, ein besserer Mensch zu werden. An dem Morgen, an dem ich zum ersten Mal von den Collyer Brothers erfuhr, ist mir der moralische Aufschwung – wieder einmal – nicht gelungen. Denn ich habe von einer Tragödie gehört und gewissenlos gelacht. Lauthals und lange. Bin Wochen später sogar nach New York geflogen. Auch, um die Adresse dieses Wahnsinns zu besichtigen.

Die Brüder hatten nördlich von Manhattan ein vierstöckiges Haus geerbt und wurden die Urväter aller Messies. Die beiden – keine Prolos, sondern ehemalige Columbia-Studenten – gingen an ihrer Sucht zugrunde.

Als am 21. März 1947 Leichengeruch auf die Straße drang, rückte die Polizei an. Zuerst vergeblich, denn ein deckenhoher Berg aus Gerümpel versperrte von innen die Tür. Über ein Fenster im ersten Stock gelang der Zugang. Und ein Gebirge aus Zeitungstürmen stand im Weg, aus Bücherbergen, vierzehn (!) Klavieren, einer Waffensammlung mit Munitionsboxen, einem Autochassis, verfaulten Lebensmitteln, toten Tieren, Dutzenden Ballen Seidenstoff, in Salz eingelegten Menschenorganen, Müllhalden, Kisten voller Telefonbücher, bizarren, nie gebrauchten Möbeln, plus Klappbetten, Gaskronleuchter, Knochen, das Skelett eines Pferdekopfes und Ladungen unentwirrbaren Unrats mehr: Über hundert Tonnen wertlosen Plunders schafften Arbeiter ins Freie.

Homer, der blinde ältere Bruder, wurde auch am 21. März gefunden: 65, tot, verdurstet. Nach Langley Collyer suchte das FBI im ganzen Land. Bis man den 61-Jährigen nur drei Meter von Homers Leiche entfernt entdeckte: In einem der Tunnel (!), durch die sich die zwei fortbewegten, lag er erschlagen von schweren Koffern. Er war versehentlich in eine der installierten Fallen geraten, die sie im Haus eingerichtet hatten. Da paranoid von der Angst eines Überfalls getrieben. Ja, ein würdiges Ende für Messies. Und eine wunderbare Metapher für das trübe Dasein von Leuten, denen die Raffgier das Leben raubt.

Keine Gier kann es mit der Freiheit von Gier aufnehmen.

Nein, hier wird keine Moralpredigt stehen. Gewiss, das Wort Gier löst meist tugendreiche Entrüstung aus. Wie nervtötend. Jeder weiß doch, dass er Weißrussinnen nicht zum Huren nach Paris verschicken darf. Und keine Kinder fürs Malochen in Bergwerken anheuern soll. Und man keinen Afrikaner mit »Hey, Neger du!« anspricht. Aber jeder weiß auch, dass noch keiner aufhörte, gierhalsig (und dünkelhaft) zu sein, weil er gelesen hatte, dass das unanständig sei. Jemanden zu einem leichtsinnigeren Umgang mit seiner Raffsucht zu verführen, ja, seinen Menschenfreundlichkeits-IQ zu heben: Wer dürfte behaupten, er wüsste, wie das geht?

Ein Unterfangen, umso aufreibender, da wir uns ja in einer Gesellschaft bewegen, deren höchstes und täglichstes

Ziel ist, uns daran zu erinnern, dass der Hals nie voll genug sein kann. Dass die heillose Gier nach Haben die allerschönste Gier ist. *Greed is good.* Geiz ist geil. Gieren ist der erhabenste Sinn des Lebens.

Damit keine Missverständnisse vernebeln: Eine Leserin schrieb mir einst, dass das Lobenswerteste in meinen Büchern die Tatsache sei, dass ich mir aus Geld nichts mache. Ich fragte sie, ob sie noch einen absurderen Rückschluss aus der Lektüre ziehen könne. Denn wie jeder einigermaßen intelligente Mensch schätze ich Geld ungemein. Selbst der Dorfdepp aus Quakenbrück hat verstanden, dass ein bisschen Bankkonto die Tage und Nächte des Bankkontobesitzers erfreulicher gestaltet. Wahr jedoch: Ich habe keinen Altar zu Hause aufgestellt, vor dem ich mich stündlich niederwerfe, um den einzig sichtbaren Gott – *the money god* – anzubeten. Mich treiben noch andere Sehnsüchte um.

Wie versprochen, keine Moralpredigt. Was mich an der Gier deprimiert, ist die Hässlichkeit, die rein physische, die sie verbreitet. Würde der Gierige nur raffen und seine Beute in seinem Safe bunkern, er wäre weniger schädlich. Aber Gier will protzen, sie will sich herzeigen, unbekümmert verschandelt sie mit ihrem gräulichen Geschmack Himmel und Erde. Sie investiert – Gier generiert Gier – in Bombastik, in Beton, in Asphalt, in Blech. Überall da, wo sie zupackt, sieht die Welt hinterher entstellter aus. Gier, meinte mein Zenmeister in Japan, ist die Ursünde. Sie wird die Welt in Stücke hauen, sie ist das Monster – gepeitscht vom Schrei nach Wachstum –, das keiner bändigt.

Nehmen wir aus aktuellem Anlass Donald Trump, der freilich entschlossen ist, den Wahnsinn hienieden zu vermehren. Schon die Frisur seiner uringelben Haare – mit der spray-asphaltierten Bugwelle über der Stirn – lässt Schauerliches ahnen. Sie ist sein »Mal«, sie ist das untrügliche Zeichen dafür, dass alles, was der *king of greed* bisher an Türmen und Casinos via Dollarberge finanziert hat, ins Museum des von Menschenhand fabrizierten Grusels gehört. Zur Abschreckung.

Sorry, ich habe die Nerven verloren. Mit zusammengebissenen Zähnen schreiben, das klingt schon wieder nach Moral, ja, riecht nach Scheinheiligkeit. Denn genau weiß ich nicht, ob Gier mir selbst so fremd ist: Ich verdiene mehr, als ich brauche (und behalte fast alles für mich). Bei jeder Vertragsverhandlung poche ich auf mehr (und mehr ist nur ein anderes Wort für Wachstum). Ich bin scharf auf wild nach oben stürmende − wachsende (!) − Verkaufszahlen (meiner Bücher). Ich kassiere jedes Preisgeld (und sage nie Nein). Kurzum: Ich will jeden Tag reicher werden, und am Sonntag will ich eine Sonntagspredigt halten für jene, die gieriger sind als ich. Sprich, ich bin ungefähr so doppelmoralisch − wie wir alle.

Der einzige Unterschied zwischen Donald Trump und Gordon Gekko und mir (und den meisten von uns) ist eher nebensächlich: Meine Gier richtet viel weniger Unheil an. Da viel weniger Geldhaufen zur Verfügung stehen. Macht habe ich sowieso keine. Und ausbeuten kann ich nur einen, mich. Ich bin ein harmloser Gieriger. Das ist der eine mildernde Umstand, den ich vorbringen könnte.

Februar 2014, kurz nach dem Tod von Paco de Lucía, las ich in einem Nekrolog über den Gitarrenweltmeister ein paar fulminante Zeilen von ihm: »An dem Tag, an dem ich meine erste Million verdient hatte und sie zur Bank trug und keine Schule in Afrika baute und nichts an andere verteilte, an dem Tag hörte ich auf, mich einen Linken zu nennen.« Das klingt kaltblütig und hinreißend unverlogen.

Nun, sich selbst schelten kann auch Eitelkeit verraten. Ich will es also nicht übertreiben. Immerhin bin ich kein *compulsive hoarder* wie Homer oder Langley. Und Millionen andere. In Deutschland gibt es jetzt Hotlines für Messies. Damit sie nicht ersticken im meterhoch gestapelten Müll.

Ich horte nie. Und nichts. Das habe ich ebenfalls im Zenkloster gelernt: nur die Teile in die Wohnung zu stellen, die zu Sinnlichkeit und Kreativität einladen. Ich habe sogar meine 8000 Bücher verschenkt. Was für ein berauschendes Gefühl seitdem: ein Buch kaufen, es lesen und unbekümmert am Ende liegen lassen. Auf dass ein anderer es finde und inspiriert werde.

Frei sein ist das schönste Sein im Leben.

Zugegeben, Lucías Beichte imponierte mir. Aber ich spüre – ähnlich meinen sieben Milliarden Nachbarn – unzählige Seelen in meiner Brust. Und eine mag das Wort Brüderlichkeit. Sie, diese Seele, ist noch immer irritiert davon, dass die einen viel, die anderen ganz viel und ein paar monumental viel verdienen. Und die ganz vielen gar nicht viel.

Diese Seele hat keinen Frieden. Sie will nicht verranzen in Selbstzufriedenheit. Sie hadert, weiß, dass zu einem Menschenleben die Menschenfreundlichkeit gehört, ach, das Hergeben, die Großzügigkeit.

So übe ich fleißig. Die Methode ist dieselbe, die ich bei einem Hausbesuch – meist ein Museum – eines bewunderten Schriftstellers anwende: Schaut niemand, berühre ich verstohlen Tisch und Bett und Stuhl. Und halte die Hand sogleich an mein Herz. Da von dem schönen Hirngespinst ergriffen, dass drei Gramm seines (ihres) Talents in mich fahren.

Und komme ich in die Nähe eines (lebenden) Großherzigen, so will ich ihm zusehen beim leichtsinnigen Umgang mit Besitz. Auch hier treibt mich die kindliche Idee, sein Beispiel könnte dazu beitragen, mich generöser zu stimmen.

So will ich noch von Marc erzählen. Einem Engländer, um die fünfzig, mit dem linken Bein hinkte er leicht. Wir trafen uns in New Jalpaiguri, im Osten Indiens. Seine trockene, ironische Art gefiel mir sofort. Wir standen rein zufällig zur selben Zeit in einem winzigen Büro, wo man ein Taxi mit Fahrer mieten konnte. *Indian luck*: Wir beide waren in Eile, und wir beide wollten nach New Delhi. So saßen wir fünfzehn Minuten später auf der Rückbank eines Ambassadors, und Ranjid brauste los.

Marc war lässig, ganz unaufgeregt. Wann immer wir auf dem langen Weg angebettelt wurden – an Tankstellen, Rastplätzen, Restaurants –, gab er etwas her. Einmal kam ein Bettler an unseren Tisch, und Marc bat ihn, Platz zu nehmen und mitzuessen. Einmal fragte er mich, ob ich einverstanden wäre, wenn wir jemanden mitnähmen, der am Straßenrand winkte.

Aber das war es nicht, das Imposante. Es lag an Marcs Coolness, die nie inszeniert war, nie bemüht, nichts beweisen wollte, ja, nie zum Fremdschämen einlud: weil hier kein Allzeit-Ergriffener mit erhabenem Gedöns sein schlechtes Gewissen abarbeitete. Marc, der Bibliothekar, verlautete keinen Mucks von wegen armes Indien, arme Menschenkinder, arme Dritte Welt. Nicht eine Krokodilsträne kam zum Vorschein. *The art of giving*, er beherrschte sie. Eine Kunst war das, heiter und wie nebenbei praktiziert. So eine Alltagsgüte ging von dem Mann aus. Erstaunlich, alle in seiner Umgebung bekamen etwas davon ab. Und sei es das unbezahlbare Gefühl, willkommen zu sein.

Gier und Güte, zwei Wörter mit vier Buchstaben. Und jedes mit einem großen G. Wie ähnlich sie sich sehen, und wie das eine unser Leben verhunzt und wie das andere es warm hält. Ach, mit Staunen blicken wir auf den einen, der das fertigbringt: gütig und generös sein. Mit allem Seinem.

ABENTEUER

Ein deutscher Arzt und Hobbytüftler hat einen neuen Meilenstein in Sachen wundersamer Nutzlosigkeit gesetzt. Seine Erfindung heißt »Igel-Airbag«. Nach dem Tier benannt, das sich mithilfe seines spitzen Fells seit Urzeiten vor Feinden schützt. Der Vergleich hört sich ein bisschen bizarr an, aber der Grundgedanke ist derselbe: Während sich der Igel im Moment der Bedrohung zusammenrollt und seine bis zu achttausend Stacheln dem Angreifer entgegenstreckt, so umhüllen – in Bruchteilen einer Sekunde – über ein Dutzend Airbags den Menschen in Gefahr. Ob nun Fußgänger, Radler, Motorradfahrer oder stürzender Bauarbeiter: Das potenzielle Opfer eines Unfalls knallt – rasend schnell eingepackt in vollgeblasene Tüten – auf den Asphalt. Oder ein Autoblech. Oder eine Wand aus Beton.

Ich liebe Nonsens. Den herrlichen, der zum schamlosen Kichern verführt. Man stelle sich den Maurer vor, der – bevor er vom Gerüst fällt – die einzelnen Plastikschichten in Hemd und Hose verstaut. Damit sie auf seinem Weg Richtung Kiesweg – zehn Meter tiefer – zu Airbags werden. Unser Erfinder geht übrigens mit bestem Beispiel voran: Zum Beweis seines Genies stürzt er Treppen hinunter und kommt unten kugelrund an.

Spinner, heißt es, leben länger. Weil sie ein Ziel haben. Das sie voller Enthusiasmus verfolgen. Und sie in euphorische Zustände versetzt. Und wären es Regenschirme für Schuhe. Oder »Stimmungsohren« aus Stoff, die man sich ins Haar bindet und die sich – via Sensoren – aufrichten: bei guter Laune. Und flach liegen bei gedrückter Stimmung. Oder eine Apparatur, die man sich um den Bauch schnürt, um auch im Stehen seinen Laptop benutzen zu können.

Zu Helden werden Entdecker, wenn sie ihr Leben aufs Spiel setzen. Sie alles riskieren, um zu demonstrieren, dass sie recht haben. Und selbst wenn sie am Tag der Prüfung durchfielen, ja, mit dem Tod ihre Neugier bezahlten: Sie hatten recht. Weil ihre Erfindung durchaus phänomenal war. Aber noch nicht funktionierte.

Nehmen wir Albrecht Ludwig Berblinger, der als »Schneider von Ulm« in den Geschichtsbüchern landen sollte. 1783 kam er als Dreizehnjähriger ins Waisenhaus, erlernte das Schneiderhandwerk und wurde nebenbei das, was man heute einen Technikfreak nennen würde. Er erfand eine »Fußmaschine«, die erste Beinprothese mit Gelenk. Bis er vom Rausch des Fliegens ergriffen wurde und an seinem »Hängegleiter« zu basteln begann. Und die Mutlosen ihn verspotteten und die Neidhammel ihm drohten, ihn aus der Zunft zu werfen, ja, ihn zu einer saftigen Geldstrafe verurteilten. Aber Albrecht war nicht zu kaufen, er war besessen und trainierte heimlich außerhalb der Stadt.

Bis der 30. Mai 1811 kam. Er kam, weil der zuständige König Interesse an dem extravaganten Flugkörper gezeigt hatte. Ein denkwürdiger, ein berühmter Tag. Um sechzehn Uhr sollte das tapfere Schneiderlein von einem zwanzig Meter hohen Gestell über die Donau segeln. Da die Winde aber ungünstig bliesen, verschob er um eine Stunde. Was nicht viel änderte. Zudem murrte der Adel, murrte das Volk, und ein »Polizeidiener« rempelte schließlich (aus Versehen?) den Schneidermeister, der sich bereits in Startposition befand. Und das Desaster nahm seinen Lauf: Die nötige Geschwindigkeit fehlte, die Tragflächen kamen nicht in den richtigen »Anstellwinkel«, und unser Held schwebte nicht, sondern plumpste ins Wasser. Aus dem gnädige Fischer ihn herausholten.

Harte Zeiten. Nach dem Absturz kam die soziale Bauchlandung. Der Bruchpilot wurde als Lügner und Betrüger beschimpft, seine Schneiderwerkstatt machte bankrott, und mit 58 starb er an »Auszehrung«.

Und wäre das noch immer nicht genug an Unglück und Bosheit gewesen, wurde sein – in die Zukunft weisender – »Flugapparat« öffentlich verbrannt. Unheimlich, wie bescheuert der Mob sein kann. Unheimlich, wie eigensinnig der Selfmademan an sein Ziel glaubte. Wie waghalsig er allem getrotzt hatte: der Einsamkeit, der Armut, der Häme. Was für ein Abenteurer. Was für ein Entdecker. Immerhin: Im Rathaus von Ulm leuchtet heute ein Nachbau seines Geniestreichs. Einmal stand ich davor und habe es heimlich berührt, das Eisending. Auf dass etwas abfiele von seiner Bestimmtheit für den Bewunderer.

Die alten Griechen hielten oft keine Totenreden, fragten aber stets: »Kannte er die Leidenschaft?«

Warum sind die einen hemmungslos neugierig? Und wollen hinter Geheimnisse blicken? Von der Welt erfahren, vom Weltraum, von den Weltbewohnern? Warum können sie nicht ruhig sein? Nicht im Hirn, nicht mit dem Körper? Warum hungern sie nach Neuem, nach Überraschungen? Warum haben sie nie genug, ein für alle Mal? Warum ist Wissen-Müssen für sie so drängend wie Atmen? Warum werden sie trübsinnig und mürrisch, wenn es fad wird, wenn das banale Leben sie umzingelt, ja, sie Zeit und Mühsal für etwas hergeben müssen, das keinen Funken Erleuchtung schenkt? Schon rätselhaft: Wieso ist es bei den einen immer ganz still im Kopf, und wieso jagt bei den anderen eine Erkenntnislust die nächste? Karl Popper hat es sauber formuliert: »Nichtwissen heißt nicht ›nicht wissen‹, im Gegenteil, es ist der Wille, nicht wissen zu wollen.«

Aber nein, es geht nicht um weltstürzende Erkenntnisse, es geht um das lichterhell schöne Gefühl, am Leben zu sein. Allemal um die insgeheime, so sinnliche Pflicht, das bisschen Lebenszeit auf Erden zu nutzen.

Wo liegt die Antwort begraben? In der Erziehung? Im Erbgut? Im sozialen Umfeld? Es gibt Wissenschaftler, die behaupten, das DRD4-7R-Gen gefunden zu haben, das sogenannte »Entdecker-Gen«. Knapp zwanzig Prozent der Menschheit würden damit herumlaufen. Und mit dem Geschenk ihre Neugierde nähren, das Risiko suchen, ja, das unbedingte Verlangen, etwas Neuem über den Weg zu laufen. Klar, jeder Sonnenstrahl hat seinen Schatten. Solche Frauen, solche Männer taugen nur bedingt für stabile Verhältnisse: Das Reihenhaus, die Reihenehe, das Ewig-für-immer, der Treueschwur zu was auch immer, das alles gelingt ihnen eher selten. Zu verführerisch sind die Lockungen der Welt.

Zurück zu den Wissbegierigen. Die losziehen, weil sie wissen wollen, nein, wissen müssen. Die jeden Morgen der Wunsch beseelt, abends ein bisschen klüger, ein bisschen lebensklüger, ein bisschen reicher, ein bisschen lebensreicher ins Bett zu gehen. Sie pochen auf die Story. Und die *story behind the story*. So wenig wissen sie, und so viele Fragen wollen sie loswerden.

Ich erinnere mich an ein Interview mit Gerd Müller, dem einstigen Fußball-Weltmeister, dem »Bomber der Nation«. Den folgenden Satz, denkbar einfach und phänomenal, hatte ich mir herausgeschrieben: »Alles, was man im Leben sagt, ist scheißegal.« Er wollte damit klarstellen, dass jemand reden kann, was er will. Gemessen wird der Mensch an seinen Taten. An dem, was er sich traut. An dem, was aus seinem Gerede geworden ist.

Vor ein paar Jahren wurde ich auf eine Kreuzfahrt eingeladen. Als Teil des Unterhaltungsprogramms. Erstaunlich, denn normalerweise treten Jongleure, Feuerschlucker und Bauchredner auf. Nein, sie wollten diesmal einen, der vorliest. Zwischen Akrobaten, Zauberern und fliegenden Tellern sollte ich mein letztes Buch aufschlagen und etwas erzählen. So flog ich nach Australien und ging an Bord. Die 27 Stunden Flug, inklusive Stopover, verliefen friedlich, die einzige Mutprobe bestand darin, der postmodernen Kleiderordnung standzuhalten: Viele der Passagiere traten mit Trainingshose und Schlappen an. Für jemanden, der gern, so sagen sie in Japan, seine »noblen Organe« wahrnimmt – Herz und Hirn –, ist das eine Herausforderung.

Auf einem Kalenderblatt las ich einst, dass jeder Tag die Möglichkeit bietet, ein Held zu sein. Schöner Schwindel. Es gibt Helden, die mit wehenden Locken der Welt entgegenziehen, und andere, über die die Welt hinwegzieht. So einer war ich auf dieser Reise: Als der Indische Ozean ungemütlich wurde, hielt ich mich an der Reling fest und kotzte. Als ich, vom Winde verweht, versuchte, eine rettende Tür zu erreichen, knackste mein linkes Knie. Und als ich – über hinkende Umwege zum Schiffsarzt – im Bett lag, fuhr der Teufel in meinen Brustkorb und schenkte mir eine Bronchitis, wie sie wohl nur auf Weltmeeren ausbricht.

Um mir den Rest zu geben, fiel mir Hemingway ein, einer dieser Recken mit heroischem Haar und wildem Bart. Ich sah ihm zu, wie er – Fährmann Gregorio stand am Steuer – mit seiner Jacht Pilar hinauszog. In karibische Gewässer. Um bei Sturm und Wetter zu fischen und zu saufen und zu schreiben. Und wie er endlich mit »Der alte Mann und das Meer« nach Hause kam und den Nobelpreis dafür kassierte.

Jetzt kommt eine andere Spezies von Helden. Ich will einen unserer Götter zitieren, Rainer Maria Rilke. Er war kein Haudegen, seine Abenteuer fanden im Kopf statt. Seine Sprache eilte von Gipfelwort zu Gipfelwort. Nur muskelschimmernde Wörter waren erlaubt. Jeder Satz eine lässige Spende an die Menschheit. Längst verschleppte Worte kehrten in seine Zeilen zurück. Wortböen trat er los, von denen jede wie eine sanfte Brise den Sprachseligen zum Schweben brachte.

Sorry, ich bin vom geraden Weg des Reporters abgekommen. Aber Rilke hört nicht auf, mich zu benebeln. Vier Jahre nach seinem Tod wurde 1930 das »Opiumgesetz« beschlossen. Hätte ich damals mitreden dürfen, wären die Bücher des Dichters ebenfalls auf die *black list* gekommen. Wie Kokain, wie Morphin, wie »indischer Hanf«.

Also, jetzt Original-Rilke. Herrlich pompös fordert er uns auf: »Wer du auch seist, am Abend tritt hinaus vor Deine Stube, drin du alles weißt.« Jeder darf in diesen Satz hineinfantasieren, wie es ihm beliebt, aber *vor seine Stube treten* kann nur heißen: Geh in die Welt! Geh dorthin, wo du nichts weißt. Damit du lernst, Mensch. Damit dein Leben bunt wird, Mensch. Damit Frauen und Männer und Gedanken und Empfindungen dich erreichen, von denen du in deiner Stube nie erfährst.

Ein letzter Held soll noch erwähnt werden. Er besaß ein mächtiges Ego, einen unheimlichen Mut und ein unverwüstliches Gefühl für – ja, das altmodische Wort passt – Rechtschaffenheit. Und er scheiterte.

Zur Heldensaga noch ein schnelles Vorwort, in dem ich die (triste) Hauptrolle spiele: Um mich auf eine Reportage über drei tollkühne Kajakfahrer vorzubereiten, stieg ich selbst in ein Boot. Und paddelte einen Fluss hinunter. Dreihundert Meter weit. Dann kam ein Strudel, und Mann und Kajak kippten um. Ich zog am Reißverschluss der Spritzdecke und tauchte irgendwann wieder auf. Allein, ohne Boot. Das muss der Augenblick gewesen sein, in dem ich begriff, dass es zwei Sorten von Menschen gibt: Helden – und diejenigen, die über Helden berichten.

Einen wie Ernest Shackleton. Er steht als Dritter in der legendären Galerie der Antarktisforscher, hinter Roald Amundsen, der den Südpol »entdeckte«, und Robert Falcon Scott, der entdecken musste, dass Amundsen schon angekommen war. Einen Monat früher.

Shackleton nahm an vier Polarexpeditionen teil und kam immer zu spät. Er stellte ein paar kleinere Bestmarken auf, von denen heute keiner mehr spricht. Sagenhaft berühmt wurde er, als sein Schiff *Endurance* (Ausdauer!) im Packeis zerdrückt wurde und sank. Und er unter Lebensgefahr die gesamte Besatzung rettete.

War Shackleton nicht gerade dabei, sein Leben aufs Spiel zu setzen, rannte er von einem Irrtum in den nächsten. Auch Ruhmsucht befiel ihn. Und die Gier nach Reichtum. Als er seine letzte Forschungsreise antrat, war er hoch verschuldet. Und starb 1922, als 48-Jähriger. Noch vor Erreichen des Ziels.

Rilke und Shackleton lebten fast zur selben Zeit und traten fast gleichaltrig ab. Der eine, der »Deutschböhme«, verging an Leukämie, der andere, der Brite, an einem Herzinfarkt. Der eine verbrachte sein Dasein auf der Suche nach dem Wunder Sprache, der andere jagte besessen nach unentdeckten Eiswüsten. Ach, die Glückspilze, denn in beiden leuchtete ein Feuer. Unauslöschbar. Das sie antrieb. Und ruinierte.

Halt, eine Frau muss noch her. Ich weiß von einer, die kann es mit allen Männern aufnehmen: Isabelle Eberhardt. Ein Vulkanmensch, der 1877 als Tochter einer baltisch-deutschen Lutheranerin und – höchstwahrscheinlich – eines russischen Ex-Priesters und Anarchisten zur Welt kam. In Genf. Als Schweizerin. Nun, weder Ort noch Nationalität sind die idealen Voraussetzungen für ein entfesseltes Leben.

Aber das uneheliche Kind wurde von dem wilden Russen unterrichtet, der Kirche, Staat und Schule hasste, ja, offizieller Hauslehrer der Familie wurde, aber nie als offizieller Vater auftrat. Man sieht, die Verhältnisse änderten sich, sie wurden interessant.

Isabelle, das schöne Mädchen, war vom schönen Mädchensein nicht begeistert. Sie trug die Hemden und Hosen ihres älteren Bruders, ließ sich die Haare kurz schneiden, fing als Zwölfjährige an zu rauchen, parlierte inzwischen in drei Sprachen, las den Koran, die Bibel und die Thora. Sie sah nicht ein, warum Männer mehr Rechte besitzen sollten als Frauen. Mit achtzehn verliebte sie sich in einen Türken und kam zu dem Schluss, dass Schreiben die einzige Möglichkeit sei, um ihr »verfluchtes Leben« auszuhalten.

Mit zwanzig begleitete sie ihre kränkliche Mutter nach Algerien. Die dort starb. Jetzt begann Isabelles ungeheurer Lebenslauf, auch getrieben vom Schmerz, dass der Mensch, den sie liebte, nicht mehr da war. Nachdem sie zum Islam übergetreten war, legte sie sich den Namen Si Mahmoud Saadi zu, zog Männerkleider an und ritt per Pferd (!) durch die Sahara.

Diese Frau, die wie ein Mann daherkommen wollte, vereinte die äußersten Widersprüche in sich. Auf der einen Seite befolgte sie rigoros die Vorschriften einer »Mohammedanerin« – das tägliche fünfmalige Gebet, das Fasten während Ramadan, die strikte Körperpflege. Und in der restlichen Zeit brach sie alle Regeln. Sie trank, sie kiffte, sie hurte, sie akzeptierte keine männliche Autorität, sie war für keinen bürgerlichen Kompromiss zu haben. Und sie schrieb Auftragsarbeiten für Zeitschriften. Um Geld zu verdienen. Und schrieb ihre später berühmt gewordenen Tagebücher. Um mit dem Leben fertig zu werden.

Bis sie in einer Oase den »gut aussehenden« Slimène Ehnni kennenlernte, einen Algerier, der als Soldat für die Kolonialmacht – Algerien »gehörte« damals zu Frankreich – arbeitete. Ihr bester Liebhaber, ließ sie verlauten. Und den Wunsch, ihn zu heiraten, denn: »Ich bin müde, angewidert und vor allem der verzweifelten Einsamkeit überdrüssig.«

Bevor die Zeremonie stattfand, versuchte ein junger Fanatiker, ihr mit dem Säbel den Schädel zu spalten. Aber er zielte daneben, traf nur Schläfe und Schulter. Motiv: Er war Mitglied einer islamischen Sekte, die mit ihrer Glaubensgemeinschaft verfeindet war. Der Mordlustige bekam zwanzig Jahre Zwangsarbeit, und Isabelle Eberhardt musste das Land verlassen: Ihr dubioser Lebenswandel hatte sich herumgesprochen, zudem wurde sie als Spionin verdächtigt.

Als 24-Jährige heiratete sie in Marseille den schönen Araber. Doch zu den Gesten einer Hausfrau war sie nicht fähig, nach ein paar Monaten kehrte sie – jetzt als französische Staatsbürgerin – nach Algerien zurück. Und hielt die Zweisamkeit nicht aus, ritt immer wieder davon. Auf der Flucht vor dem trägen Leben, stets auf der Suche nach dem »Woanders«.

Sie wurde Kriegsreporterin, die französische Armee heuerte sie als Vermittlerin zwischen Kolonialherren und aufständischen »Eingeborenen« an. Ihr Glanz als Schriftstellerin wuchs.

Aber so viel Leben kostet. Die Schönheit schwand, irgendwann sah man den Alkohol in ihrem Gesicht, die Drogen, die Vereinsamung. Mit Slimène, dem Bisweilen-Ehemann, beschloss sie, Selbstmord zu begehen. Mit Pistolen und Absinth wollten sie unterm Wüstenhimmel ihr Leben beenden.

Was nicht funktionierte, beide waren wohl zu betrunken – und die Schüsse gingen daneben. Wer nicht leben will, muss sterben. Im Herbst 1904 überfielen Isabelle, jetzt 27, schwere Malariaschübe. Sie kam in einem Militärkrankenhaus unter. In der Nacht vom 20. auf den 21. Oktober zog ein heftiges Unwetter auf, begleitet von orkanartigen Regenfällen. Stunden zuvor hatte die Kranke, gegen den Rat der Ärzte, das sicher gelegene Hospital verlassen. Um in die angemietete Lehmhütte zurückzukehren. Slimène trat rechtzeitig die Flucht an, Isabelle weigerte sich und wurde von den Wasserfluten in den Tod gerissen. Zwei Tage später fand man ihre Leiche. Nicht weit entfernt von den Entwürfen ihres einzigen Romans, *Le trimardeur*. Das französische Wort kann man verschieden übersetzen: Strolch, Landstreicher, Vagabund.

Eindeutig: Die Biografien dieser Männer und dieser un-
bändig-intensiven Frau machen Angst. Und ihr früher Tod
macht die Angst nicht kleiner. Verstanden: Leidenschaft
kann erledigen. Aber ihre Abwesenheit erledigt auch. Nur
dauert der Ruin dann länger. Er zieht sich wie ein Todesur-
teil auf Raten. Wäre es da nicht klüger, sich von den glorreichen Fünf sacht schubsen zu lassen? Hinein ins Leben?
Das so einmalige.

Ein Moment im Leben –
Terror über dem Atlantik

Das folgende Desaster kennt wohl jeder. Es passiert auf Lang-
streckenflügen, und das Phänomen beweist, dass Fliegen zu
den gräulicheren Beschäftigungen eines Menschenlebens
gehört. Thrombose lauert, schlechtes Essen, schlechte Luft,
schlechte Haut, schlechte Laune. Aber den unheimlichsten
Schrecken verbreiten die Null- bis Fünfjährigen, jene welt-
berühmten Flugzeugrowdys – Babys aus aller Herren Länder –, die unter (hilfloser) Zeugenschaft ihrer Eltern und der
250 Geiseln vom Start weg brüllen. Und am Zielort noch
immer nicht aufhören. Gerädert wie der Schreihals wankt
man nach einer halben Ewigkeit hinaus in die Freiheit.

Warum gibt es keine Schalldämpfer für (un)menschliche
Stimmen? Warum keine Kinderflugzeuge, ausschließlich
reserviert für die Kleinsten unter uns? Mit Gehörlosen als
Personal?

Ich habe Hunderte Stunden von *airborne*-Lärmterror hinter mir, und es kamen Ausweglosigkeiten, hoch droben über
den Wolken, da hätte ich die Zwerge gern in den Gepäck-

raum zwangsevakuiert oder um eine Notlandung gewinselt oder meinem sinnlosen Leben via Plastikmesser ein Ende gesetzt. Letzte Verzweiflung greift zu letzten Mitteln. Nun, nichts dergleichen geschah, nur gealtert bin ich inzwischen um Jahrhunderte.

Doch dieser Moment im Leben wird fulminant Zeugnis davon ablegen, dass noch in modernsten Zeiten Wunder geschehen. Der Irrsinn begann in Buenos Aires. Ein, soweit ich sah, Einjähriger (eine Einjährige?) hatte sich vorgenommen, alle Anwesenden um sich herum einen Tag lang auf die Schlachtbank zu legen. Mit einem Organ, das gewiss längst im Guinnessbuch der Rekorde steht. So trommelfellsplitternd erklärte der Balg uns den Krieg. Die Mutter benahm sich fehlerlos, aber nichts half, kein Wiegen und Flüstern, keine Grimassen und kein Schnuller, keine Lieblingsspeise und keine frische Windel, kein – rührend und massenhaft von der Crew rangeschafftes – Spielzeug, nichts. In 10 000 Meter Höhe errichtete ein Säugling sein Terrorregime. Seine einzige Waffe: 200 Dezibel? 300 Dezibel?

Doch irgendwann tauchte ein Engel auf. Seltsamerweise erst, nachdem ein Großteil der 250 Opfer bereits leicht delirierend auf den Sitzen kauerte. Man hatte sich ergeben, nur ein Sprung hinunter in den Atlantik hätte die Folter beendet.

Also, ein Engel: eine Japanerin, vielleicht vierzig, die gebrochen Englisch sprach. Ich weiß es so genau, denn ich hatte einen Logenplatz und saß nur drei Reihen schräg hinter dem Tatort. Die Fremde zückte eine kleine Flasche und zeigte sie der in Auflösung begriffenen Kindsmutter, Typ Indigena. Und redete auf sie ein, Japanisch und Englisch. Half nach mit den Händen und spielte ein schlafendes Kind. Voraussetzung für den Schlummer sei jedoch, dass der begnadete Unruhestifter aus dem mitgebrachten Flakon trinke. Dann kämen Ruhe und Segen über die Welt.

Die Mutter wankte. Auf der einen Seite ihr Knirps mit den höllischen Stimmbändern und auf der anderen ein ominöses Fläschchen mit japanischen, vollkommen mysteriösen Schriftzeichen. Fee oder Hexe? Glücklicherweise fiel der Blick der Geplagten auf uns restliche Passagiere, sah jetzt das Grimmige, das Nahtod-Irre in unseren Augen: und griff nach dem dunkelblauen Gefäß und träufelte dem haltlos brüllenden Bastard die Flüssigkeit in den Mund.

Noch eine Minute Marter. Dann kam das Reich der Engel über uns. Stille kehrte ein. Wie vom Schafott geholt, starrten wir Richtung Wunder. Kein Mucks kam mehr. Der Zyklop hatte sich schlafen gelegt.

DIE ANDEREN

Frühling in Barcelona, früher Abend. Ich war als Reporter in der Stadt. Ich stand in der *Lixus Bar* und wartete auf einen Zuhälter. Ein paar Tage zuvor waren wir uns hier begegnet, rein zufällig, und er hatte versprochen, mir etwas aus seinem Leben zu erzählen. Jesús (!) kam, und wir plauderten. Keine fünf Minuten, bis Schreie von draußen hereindrangen. Wir rannten hinaus und sahen, wie drei Männer versuchten, einer Touristin – unverkennbar – die Handtasche zu entreißen. Wir sprangen hinzu und packten die Füße der Frau, denn die Ganoven zerrten inzwischen an den Armen und Schultern ihrer Beute. Das Gerangel – angefeuert von gellenden »Help me! Help me!«-Schreien – wurde so heftig, dass wir zu sechst gegen eine Wellblechtür wogten, die tatsächlich nachgab. Da wir, Jesús und ich, nicht losließen und das Opfer eisern sein Hab und Gut umklammerte, gab das Trio irgendwann auf und lief davon. Wir halfen der schwer Geschockten auf die Beine und boten an, die Polizei zu rufen. Aber die Engländerin lehnte ab und bedankte sich inständig. Ich begleitete sie vor zur *Rambla*, der Hauptader der Stadt. Die war belebt, dort war sie in Sicherheit. *Hopefully.*

Ich ging zurück zur Kneipe und musste grinsen, als ich den Namen der Straße las, in der Augenblicke zuvor die Rangelei stattgefunden hatte: *Calle del Robador*, Gasse des Räubers. Hier räuberten sie ganz offensichtlich. Und Mädels in Hotpants standen auch herum, ah, die Jüngerinnen von Jesús. Der auf mich gewartet hatte und nun anfing zu berichten.

Interessante Episode. Die einen wollen rauben, die anderen sprinten los, um das Unglück zu verhindern. Aber Jesús und ich waren nicht unbedingt die besseren Menschen: Er beutete seine *prostitutas* aus, und ich hatte viele Jahre als fleißiger Dieb hinter mir.

Die meisten Anderen, das hatte ich inzwischen begriffen, waren ungefähr wie ich: widersprüchlich, verführbar, grundsätzlich bereit, das »Gute« zu tun, doch oft genug – im entscheidenden Moment – eine Spur zu ermattet: Weil dem Herz gerade der Schwung fehlte. Für die gute Tat. Die einem anderen guttäte: wie eine sachte Geste, wie ein Lächeln.

Ach, ich bin bescheiden geworden. Auch mit den Forderungen an mich. Bin schon froh, wenn ich zu den Schlechten gehöre und nicht zu den Schlechteren: So weit bin ich weg von dem, der ich gern wäre.

Die unscheinbaren Schritte, die uns so oft nicht gelingen. Nicht einmal die. Wohl ein Zeichen von Schwäche, denn ein Raunzen fährt so unangestrengt aus uns heraus. Doch Nachsicht zeigen und den Bruchteil der Sekunde nutzen, der vor dem Abspritzen des Gifts noch bleibt, um souverän die Gemeinheit zu bändigen: Das schafft nur eine Minderheit.

Jeden Morgen nehme ich mir vor, jedem Anderen, dem ich begegne, das Leben zu verschönern. Nicht mit einer Heldentat, aber mit ein paar Augenblicken Leichtigkeit. Wenn wir uns trennen – und passierte es nach Minuten –, soll der Andere sich leichter fühlen, ja, beschwingter seine allernächste Zukunft bestehen. Er darf auf keinen Fall bedrückt fortgehen, sondern – im Idealfall – ein wenig schwebend.

Einer soll dem Anderen beim Leben beistehen. Und sei es nur, indem man sich Wörter schenkt, sie verteilt wie bunte Pillen. Zum Schüren der Lebensfreude. Jeder kennt die Erfahrung, dass manchmal ein Satz genügt, um sich tagelang davon zu nähren. So stimmig war er, so maßgeschneidert. Wer das kann, das Maßschneidern von Worten zur rechten Zeit, der wäre der König der Welt.

Roger Willemsen, unser (einst) klügster intellektueller Kopf, hatte in seine Krebsdiagnose hineinschreiben lassen: »unzerstörbarer Frohsinn«. Das hat was. Hat umso mehr, wenn man bedenkt, wie flugs vielen der Frohsinn vergeht. Da braucht es keine tödliche Krankheit, da reicht schon, wenn sich ein *bad hair day* ankündigt.

Klar, wir sind umstellt von Fallen der Eitelkeit, in die unser Ego blindlings hineinrennt. Und das werden wir – trotz allem Esoterik-Esel-Gerede – nicht los. Die Kunst ist also, dieses Ding, das ja zu grandiosen Wundern und Herrlichkeiten fähig ist, so durch die Tage zu manövrieren, dass es sich nur meldet, wenn wir es brauchen: weil etwas auf dem Spiel steht, wie unsere Integrität, unsere Würde, unser Körper. Und die Ichsucht – jetzt wird es strapaziös – dort zum Stillsein zu überreden, wo sie sich närrisch aufplustert. Das sind die Augenblicke, in denen man wenig attraktiv aussieht. Denn das Hohle kommt zum Vorschein, das Gespreizte, die Aufdringlichkeit.

Ich behaupte, dass ich noch nie in eine Ego-Falle geraten bin, ohne dass ich mir hinterher den Schädel gegen eine Wand gehauen hätte. (Okay, bildlich gesprochen.) Weil ich den Auftritt verpatzte. Weil ich als Würstchen daherkam und nicht als Weltmann. Im Leben – ich vergesse es oft – gibt es keine Proben, immer nur Premieren. Jeder Akt ist neu und gelingt. Oder fällt durch.

Nach meinen schlimmsten Momenten – im Theater hätte es dafür nur Buhrufe gegeben – kam es vor, dass ich dem Anderen, der mich gerade als unwirschen Gesellen erlebt hatte, hinterherrannte. Um ihn um Nachsicht zu bitten. Mein Bußgang. Weil ich mich so nicht aushielt. Weil ich doch jeden Tag davon träume, die nächsten 24 Stunden als Gentleman hinter mich zu bringen.

War der Andere schon verschwunden, blieb ich als zweifacher Verlierer zurück. Vor ihm. Vor mir. *Merde.*

Noch vertrackter: Es gab Fälle, in denen ich erst nach Tagen begriff, dass der Andere recht hatte, sich als klüger und besonnener erwies. Auch Einsicht fordert mitunter eine gewisse Inkubationszeit, bis sie sich beherzt äußert.

All das hinderte mich jedoch nie, Pläne zu schmieden, mit mir als einem, der endlich diese verdammte Nonchalance mitbringt. So etwas Spielerisches. Bin ich doch – unbelehrbar – davon überzeugt, dass Heiterkeit den Umgang mit der Welt erleichtert.

In Afrika gibt es den Beruf des »Facilitator«. Auch Reporter profitieren von diesem Gewerbe. Der »Erleichterer« ist jemand, der die richtigen Adressen kennt, der weiß, wer wo wann geschmiert werden muss. Um die Recherche voranzutreiben.

So einer wäre ich auch gern. Nur bräuchte ich kein Adressbüchlein mit den Namen aller Korrupten im Land, sondern dieses unbezahlbare Talent, meine Umgebung (und mich) in einen Zustand der Unbekümmertheit zu zaubern. Um den Glücksquotienten zu heben. Ein bisschen.

Jeder Andere ist mein Spiegel. Ich sehe ihn und sehe – gleichzeitig – mich. Vieles, gewiss nicht alles, was ich an ihm tadle, ist Eigentadel. Vieles, gewiss nicht alles, wofür ich ihn preise, ist Eigenlob. Ein hoch komplizierter Wirrwarr aus Gefühlen, Gedanken, Hintergedanken und Ahnungen findet zwischen zwei Personen statt, sobald sie sich nahkommen.

Ohne die Anderen kommt keiner über die Runden. So dornenreich ihre Nähe auch sein mag, so höllisch kann einen die Einsamkeit ruinieren. Wenn sie fehlen. Ich kenne Frauen und Männer, die im Laufe der Jahre jeden Anderen aus ihrem Leben vertrieben. Weil sie als unversöhnliche Rechthaber niemanden mehr aushielten.

Der Erste, den ich beim Verscheuchen beobachten konnte, war mein Vater. Irgendwann hatte selbst der letzte Gutwillige die Flucht ergriffen, und Altmann senior wurde mit dem bestraft, was jeden heimsucht, der den Anderen nur noch als Störenfried und Feind wahrnimmt: mit Alleinsein. Und – als das Alleinsein immer länger dauerte – mit Verlassensein.

Warum sich Frauen und Männer das antun, obwohl »äußerlich« im Vollbesitz ihrer mentalen Kräfte, bleibt ein Rätsel. Vielleicht ergeht es ihnen wie meinem Erzeuger: Er war geisteskrank. Geschlagen mit einer ganz spezifischen Form sozialen Siechtums, die gewiss weiter verbreitet ist, als man vermutet. Solche Zeitgenossen – Vater war nur einer von vielen – bewegen sich vollkommen normal im Alltag. Sie tun absolut nichts Auffälliges, sind nur – dank einer jahrzehntelang zugenagelten Schädeldecke – unfähig geworden, etwas am Anderen zu finden, das sie begeistert, ja, das einer Lobrede, ja, eines Hauchs Wohlwollen wert wäre. Der Andere kommt nur noch als Konkursmasse vor, die man abgeschrieben hat. Als Minusposten. Sinnigerweise habe ich den Stalin-Spruch von meinem Vater: »Ein Mensch, ein Problem. Kein Mensch, kein Problem.« Absurder könnte ein Satz kaum klingen. Kein Anderer mehr weit und breit? Bankrotter kann das Leben nicht werden.

Jetzt zur Praxis. Ich will drei »Fälle« vorstellen, sprich, Andere, in deren Nähe ich entscheidende Erfahrungen gemacht habe. Warmherzige, bösartige, staunenswerte. Frauen und Männer, die ich anschließend bewundert oder verachtet habe. Und die mich, zuerst einmal, sprachlos zurückließen. Dennoch: Alle formten mein Bild von der Welt. Jedes Mal ein Aha-Erlebnis, jedes Mal ging ich schlauer davon.

Und keines dieser Vorkommnisse will ich bereuen. Auch nicht die unerbittlichen Zumutungen. Alles, was mich bewegt, ist willkommen. Selbst wenn der Andere mir ins Herz boxt. Ich will dabei sein.

In einem Gespräch mit einem Buchenwald-Überlebenden hörte ich den Mann sagen, dass man in einer zivilisierten Gesellschaft nur etwa zehn Prozent seiner Persönlichkeit kennenlerne, während man unter gnadenlosen Zuständen die restlichen neunzig Prozent über sich erfahre. Das gelte für Opfer wie Täter gleichermaßen. Nein, ich will keinen Holocaust, um in alle dunklen Ecken meines Seins hineinzuleuchten. Aber zehn Prozent, die sind mir zu wenig.

Der Andere, Fall 1: Mein erster Bettler in Indien hieß Amu. Sein linkes Bein war völlig verdreht, er konnte nicht gehen. So stützte er sich bei jedem »Schritt« mit seinen beiden Handflächen auf dem Asphalt ab und schwang seinen Torso nach vorn. Sein Kopf reichte bis an meine Hüften.

Wir kamen gut miteinander aus. Über Monate, da ich lange am selben Ort blieb. Gingen wir in ein Café, hüpfte Amu auf einen Stuhl und erzählte aus seinem Leben. Weil ich ihn darum bat. Armut und Kinderlähmung, was sonst. Er sprach ein passables Englisch, und nie unterlief ihm ein Ach-und-Weh-Lamento. Auf mein barmherziges Gerede reagierte er nicht. Ich hielt es – noch unerfahren im Umgang mit Elend und Krankheit – für richtig, mich als Ergriffenen zu präsentieren. Hatte noch keine Ahnung, wie viel Pose hinter einem solchen Gehabe steckt. Aber mein Mitleid interessierte Amu nicht. Er wollte, dass ich den Chai und die Süßigkeiten bezahle. Und dass wir eine Stunde sorglos plauderten. Wochen habe ich gebraucht und den Siebzehnjährigen immer wieder beobachtet, um zu begreifen, dass ein fröhliches Gemüt und ein kaputter Leib kein Widerspruch sein müssen. Ich, der so viel haben und so viel sein muss, um über die Runden zu kommen, starrte auf ihn wie auf ein Weltwunder. Der Junge hatte nichts und besaß etwas, das unerreichbar schien. Sein Herz funktionierte so anders. Ich war fassungslos, bei jedem Abschied.

Der Andere, Fall 2: Ich arbeitete als Schauspieler am Bayerischen Staatsschauspiel in München. Wir probten *Der böse Geist von Lumpazivagabundus*, eine Komödie von Johann Nestroy. Regie führte Karl Paryla, ein bekannter Theatermann und, so war es überall zu lesen, ein überzeugter Kommunist.

Wie alle Beteiligten werde ich diese Arbeit und diesen Mann nicht vergessen. Paryla hatte bald das Pseudonym »Das Arschloch« weg. Eine eher milde Vokabel. Der damals 71-Jährige war ein sadistisches Schwein, für den die Erniedrigung anderer zum Handwerk gehörte. Sagen wir, die Erniedrigung derer, die von ihm abhängig waren: wir, die Jungen, die Namenlosen, die Ausgelieferten. Nie habe ich ihn dabei überrascht, dass er sich mit den Stars oder dem Intendanten anlegte. Er war das Klischee-Schwein: freundlich nach oben, unsäglich nach unten.

Der Höhepunkt von Parylas Niedertracht kam an einem Montagmorgen. Eine komplizierte Szene mit über fünfzehn Leuten stand auf dem Probenplan. Ohne die Hauptdarsteller. Nur wieder wir, die Anfänger und das Komparsenvolk. Die Stimmung war gedrückt, von komödiantischem Übermut keine Rede. Der blanke Hass ging um. Fast jeder von uns war bereits – während der letzten Wochen – von diesem Regisseur beleidigt worden. Die meisten mehrmals. Ich auch, klar.

Nach dem Durchlauf kam der kleinwüchsige Herr auf die Bühne geschossen. Und schreiend, nein, brüllend, legte er auf uns an: Schwachköpfe! Stümper! Versager! Nullen! Nichts kapiert! Ein Sauhaufen! Eine Schande! Minutenlang quoll schwarzes Blut aus seinem Mund. Sein rasender Zorn überschlug sich, der Giftzwerg loderte vor Menschenverachtung.

Würde man Parylas Auftritt heute auf YouTube zeigen – mit uns, nur etwas anders kostümiert –, man könnte glauben, ein KZ-Kommandant machte auf dem Appellplatz seine morgendliche Stippvisite.

Keiner wehrte sich, jeder ließ sich demütigen. Die verbale Brutalität war so brachial, dass wir wie eine Wand aus Leichen vor ihm standen. Ich wünschte damals, ein Held träte nach vorne und prügelte ihn intensivstationsreif. Für seine Untaten an der Menschlichkeit.

Nachdem wir abtreten durften, eilte ich auf die Toilette. Ich musste mich setzen und allein sein. Um mich und meine Feigheit auszuhalten. Und die Nähe zu diesem Mann. Wie geplündert saß ich zwei Stunden lang hinter verschlossener Tür.

Dennoch, am Abend hatte ich – dank Paryla, dem Schinder – etwas begriffen, endgültig begriffen: Man kann sich, rastlos und täglich, als hehren Erdenbürger präsentieren, der mit Hingabe den Kampf für die Entrechteten und Geschlagenen predigt. Und man kann gleichzeitig, sagen wir hauptberuflich, ein Mensch aus Eis sein, ein linker Hundesohn, dem Freundlichkeit und Güte für niemanden gelingen.

Don't talk, show me! Den Satz habe ich Jahre danach irgendwo in Amerika gelesen. Der ist gut, der klingt hundertprozentig scheinheiligenfrei. Und wenn einer anfängt, das zu tun, was er redet, dann fange ich wieder an hinzuhören. Denn wie jeder auf Erden will ich vertrauen. Vertrauen dürfen.

Der Andere, Fall 3: Tatort Poona (heute Pune). Einen Sommer lang besuchte ich den Ashram von Bhagwan, der sich später Osho nannte. Der knappe Quadratkilometer war eine Weltsensation.

Wir kamen zuallererst wohl, um unsere von Moral und Angst zugeschweißten Körper neu zu beleben. Unendlich viele Körper kamen. Unendlich viel Spießermoral lag auf ihnen, verabreicht – oft via Gewalt und Schuldgefühle – über die Jahre, die Jahrhunderte, die Jahrtausende: von Moralaposteln, von Jungfern, von Göttern und anderen »erleuchteten« Größenwahnsinnigen, ja, verabreicht von jenen, die von den Tiefen und Untiefen ihres eigenen Körpers nie etwas wussten, schlimmer, nie etwas wissen wollten.

Nicht vieles versetzt mehr in Rage, als in einem Gehäuse aus Fleisch und Blut zu wohnen, das Sehnsüchte äußert, die man ihm mit Feuerzungen versagt. Wütend und drohend versagt.

Monatelang hatte ich Zeit, allen Geschurigelten, auch mir, zuzuschauen. Es begann – angetrieben von Bhagwans liederlichen Reden über jede Art organisierter Religion – mit einer Art Anamnese. Vielen wurde dadurch zum ersten Mal bewusst, was alles an Gift – Giftsätzen, Giftgedanken, Giftsünden – in ihnen schwärte. Und wir anfingen dagegenzusteuern. Um ein Mensch zu werden, der sich traut, sich wehrt. Der nicht mehr brodelt vor Zwang, der Fesseln löst, der – das klingt beinahe großspurig – wahr sein will: Körper, die aufhören zu lügen.

Es gab verschiedenste Gruppen, auch jugendfreie. Und andere, die taugten nur für Erwachsene. Am häufigsten wurden – welch Überraschung – die sogenannten »sex groups« gebucht. Okay, Leser, wir sind angekommen! Das ganze Vorspiel, um endlich vom Wichtigen zu erfahren. Für uns acht Männer kam bald die Ernüchterung. Nicht, weil wir alle nackt waren, so nackt wie die acht Damen. Auch nicht, weil nicht jeder von uns sechzehn wegen seiner atemberaubenden Physis aufgefallen wäre. Nein, die Peinlichkeit lag woanders.

Die ersten Stunden des dreitägigen Kurses verliefen eher harmlos. Jede und jeder erzählte von sich: Sexualität, Ängste, Erwartungen, Träume, Tabus, Ekel, berichtete von Zwängen und vom allerersten Grund ihrer/seiner Anwesenheit: dass sich etwas ändert!

Anschließend sollten wir so im Raum herumgehen, wie wir uns gerade vorgestellt hatten: als Niedergeschlagene, schlurfend und beladen mit Problemen. Dann die entgegengesetzte Haltung einnehmen: strahlend, selbstgewiss, siegessicher. Und irgendwann lief das Tonband, Musik flutete in den Raum, Quincy Jones und die Stones peitschten, es wurde heiß und wild, und jetzt begannen die Missgriffe:

Paare fanden sich und Männer taten wieder das, was sie sich Augenblicke zuvor vorgenommen hatten abzuschaffen. Sie fuhren in Windeseile in den Unterleib ihrer Partnerin und wetzten drauflos, verbissen und im Overdrive, taub für den Flow, taub für die Frau, taub für die Einmaligkeit der Situation.

Wer sich heute Pornos im Netz antut, wird feststellen, dass *speedfucking* noch immer *de rigueur* ist.

Peinsam und lustig, denn Sudha, unsere Gruppenleiterin – eine Afroamerikanerin aus New York – lachte die Verschwitzten aus, ja, forderte uns auf, den lieben Jack oder den lieben Henri oder den lieben Akito bei seiner Schwerarbeit zu beobachten. Und uns dabei zu fragen, ob der Anblick etwas mit Erotik zu tun habe oder eher mit einem Büffel, den gerade nichts anderes drängt, als ins Ziel zu keuchen. Sein Ziel.

Sudhas Rosskur war wüst und ungemein einsichtsfördernd. Ihr Weg, um uns zum Wahrnehmen unserer Schwänze zu bewegen. Auf dass sie aufhörten, wie fremdgesteuerte Presslufthämmer durchzustarten.

Und so übten wir denn die Tage und Nächte: das Entschleunigen, das Kichern, das Angstlos-Werden.

Aber auch die Frauen wurden ermahnt: weil sie Männern erlaubten, so mit ihnen umzugehen. Dass sie doch bitte in Zukunft »Stopp« riefen und den Kerl zu mehr Swing bewegten, zu mehr Verspieltheit und Schmusen.

Schöne Tage in Poona. Von den Männern habe ich gelernt, wie ähnlich ich ihnen bin. Und dass wir gewiss besser aussehen, wenn wir uns eleganter im Bett aufführen.

Und von den Frauen kam die erfreuliche Nachricht, dass sie erotisch so hungrig sind wie Männer. Dort, im Ashram, befand sich das ideale Ambiente, vollkommen unbeeindruckt von dem, was Frauen – meist von Männern – seit Ewigkeiten zum Stichwort Sexualität eingebläut wurde (wird): Zurückhaltung, Treue, die Frau als Hure, wenn ihr der eine nicht genügt.

Das sind Erkenntnisse, die einen nur einholen, wenn man sich nah kommt. Und wenn es sein muss, nackt und nah. Ich will mir die Finger abschlecken vor Dankbarkeit über all das, was ich in diesem Sommer geschenkt bekam. Ach, Leben, Leben, Leben.

ANGST

Inzwischen ist die *German Angst* weltberühmt geworden. Die zwei Wörter stehen – so geschrieben – in der *New York Times* oder in *Le Monde*. Ja, sogar in *El País*. Wenn ich sie recht verstehe, dann ist damit nicht die Angst des Feiglings gemeint, sondern eher Zögerlichkeit, Bedenken, Vorsicht: Achtung, Fremde! Achtung, Atomkraft! Achtung, Nahrungsmittel! Achtung, Rauchen! Achtung, Sorglosigkeit! Achtung, Superachtung: Leben!

Unser Sicherheitswahn gilt als weltrekordverdächtig. In keinem Land scheint das Dasein von so vielen Vorschriften umzingelt wie in Deutschland. *Existential Angst* klingt so ähnlich wie *German Angst*. Ein deutsches Leben scheint ein schweres Leben zu sein. Jeden Tag lädt es sich das Gewicht der Welt auf die Schultern. Das ist wohl genetisch. Deshalb werden wir das Schwere nicht los. Dass andere Sprachen auch unser schönes Wort »Weltschmerz« übernommen haben, klingt hübsch ironisch. Die Welt schleppen und an ihr leiden, ach, wir Deutsche haben es nicht leicht.

Himmel, wie oft hatte ich mir schon geschworen, künftig schwereloser zu sein. Ein Luftikus, der aussteigt aus dem Dasein der Mühseligen und Beladenen. Natürlich bin ich gescheitert. Gegen sein Erbgut siegt niemand.

Was hier verhandelt wird, sind die »richtigen« Ängste. Die sofort – zeitgleich mit dem Schweiß – ausbrechen, wenn man sich in einer tatsächlichen Gefahr befindet. Keine diffusen Gefühle, keine bösen Vermutungen, die vielleicht eintreffen oder vielleicht nicht. Nein, wilde nackte Angst.

Elias Canetti schrieb einmal: »Feig, wirklich feig ist nur, wer sich vor seinen Erinnerungen fürchtet.« Das glaube ich nicht. Es gibt größere Feigheiten, als von etwas nichts wissen zu wollen. Eine Reihe meiner Taten und meiner unterlassenen Taten bedrücken mich. Oder reuen mich. Oder beschämen mich. Aber ich zucke nicht vor ihnen zurück, indem ich sie vor mir verstecke. Sie gehören zu meinem verdammten Leben.

Im Gegenteil. Erinnere ich mich an sie, erkenne ich nur Vorteile: Ich verliere meine dunklen Flecken nicht aus den Augen. Zweitens besteht die Chance, dass ich das nächste Mal einen Funken waghalsiger auftrete. Und zuletzt: Ich will begreifen, wo mein Platz in dieser Welt ist und wer ich bin in diesem Leben. Ohne Maskerade. Ob ich meine Entdeckungen hinterher anderen mitteile oder sie verschweige, ist ohne Belang. Wichtig nur, dass ich von ihnen weiß. Anderen meine Wahrheit zu verweigern verkrafte ich. Mich anzulügen halte ich für ein schweres Vergehen.

Immer wenn ich eine Szene lese (oder in der Wirklichkeit beobachte), in der Angst, hemmungslose Angst, vorkommt, frage ich mich, wie ich reagiert hätte. Möglicherweise cool und gewitzt. Oder noch verschreckter, noch terrorisierter. Es gibt ja verschiedene Arten von Feigheiten.

Und so verschiedene Arten von Mut. Und Millionen Gesichter der Angst. Stürmt einer todesverachtend aus dem Schützengraben, so kann es passieren, dass derselbe Kämpe (sollte er überleben) nie wagt, mit einer Frau zu flirten. Ein anderer brilliert bei den Damen dieser Welt, erobert links und rechts, doch zuckt vor einer Ratte zurück. Der Dritte verdient als Rennfahrer sein Geld und stottert, wenn er öffentlich eine Rede halten soll.

Wer behauptet, er habe vor niemandem und nichts Angst, bei dem darf man argwöhnen, dass er noch nicht gelebt hat. Womöglich mangelt es ihm an Fantasie. Die protzige Behauptung klingt so bedenklich wie der Hinweis, noch nie geliebt zu haben. Nie Angst, nie Liebe? Was alles an Fieber und Herzschlag würde uns fehlen. Wenn sie fehlten.

Es gibt Ängste, die jagen in jeden hinein. Ohne sein Zutun, ohne die Gefahr zu suchen: Flug übers Meer. Bald holten Höllenwinde unser Flugzeug ein. Der Augenblick kam, in dem wohl alle dachten, dass der Airbus A340 in den nächsten zehn Minuten auseinanderbräche. Und wir kurz darauf als Leichen im Pazifik trieben. Nicht hundert Stunden Anti-Flugangst-Seminare verhindern in einem solchen Moment, dass Adrenalinbomben durch den Körper rasen. Und so saßen wir, totenstill. Und warteten, dass es krachen würde.

Irgendwann entflohen wir dem Inferno. Und glitten wie auf Engelsflügeln durch die Nacht. Ach, wie war das Leben wieder schön. Ach, wie intensiv es sich anfühlte. Ach, was für ein Wonnegefühl, dem Ende noch einmal entwischt zu sein.

Angst ist ein verdammt zweischneidiges Gefühl. Angst ist gut, wenn sie uns schärft, uns Reserven entdecken lässt, von denen wir vorher nichts wussten. Und Angst killt, wenn sie unser offizielles Lebensgefühl wird, sie uns zum Angsthasen dressiert.

Dass der Mensch Glück braucht, um so brisante Situationen zu bestehen, nun, die folgenden Episoden werden es bezeugen. Nicht einer Bredouille wäre ich entkommen ohne den hilfreichen Zufall, ohne ein rechtzeitiges Glück.

Hier drei Szenarien aus drei Lebensabschnitten. Erst jetzt beim Schreiben fällt mir auf: Sie alle passierten auf der Straße. Gäbe es eine Kampagne wie »Autofahren fügt Ihnen und Ihrer Umgebung schweren Schaden zu«, ich würde sofort unterschreiben.

Dennoch, ich erinnere mich gern an die Desaster. Denn sie hätten ganz anders enden können. Auf dramatische Weise stärkten sie meinen Sinn für Dankbarkeit. *I'm still standing.*

Nervenkitzel eins: Wir waren vier junge Schauspielschüler am Mozarteum. Auf Sommertournee in den Ferien. Um zu spielen, um zu verdienen, um berühmt zu werden. In jenem Juli tingelten wir mit einem Stück des polnischen Autors Slawomir Mrozek durch die österreichische Provinz. Nach unserer letzten Vorstellung machten wir uns gegen 23 Uhr, wie so oft zuvor, auf den Weg zurück nach Salzburg. Wo wir lebten.

Wir wollten nach Hause. Mit Vollgas. Erst mit dreißig, behauptete Freud, begreift der Mensch, dass er sterben wird. Wir waren alle knapp über zwanzig und wussten nichts vom Tod.

Jeden Abend saß ein anderer von uns am Steuer. Jeder wollte prahlen und der Beste sein, sprich, in Rekordzeit das Ziel erreichen. Diesmal war ich an der Reihe. Die Strecke führte zuerst über die Tauern. Es nieselte, und die Straße verlief kurvig rauf und runter. Neben mir saß Bastian, und statt mich zu ermahnen, feuerte er mich an. Wir kamen uns vor wie zwei gedopte Rallyefahrer, die sich vor jeder Kurve darüber verständigten, wie und mit welchem Tempo man sie anschneide und wann und wo man wieder beschleunige.

Wir befanden uns in glorioser Stimmung, irgendwie unbesiegbar. Die Tournee war ein Erfolg gewesen, Geld war hereingekommen, und der zurückliegende Auftritt, eine Stunde zuvor, verführte uns zwei noch immer zu tosendem Gelächter: Wir hatten in einer Kirche gespielt und mitten im Drama war Blut aus Susanne, der Hauptdarstellerin, geflossen, war unübersehbar ihre (nackten) Beine entlanggelaufen. Plötzlich hatte sie ihre Regel bekommen. Wir mussten die Szene unterbrechen, mittendrin, blöde kichernd und unfähig, dem Publikum die Zwangspause zu erklären. Egal, fünf Minuten später spielten wir weiter und wurden zuletzt mit donnerndem Applaus verabschiedet.

Dominik und Susanne dösten im Fond, niemandem von uns wäre die Idee gekommen, dass man mit einem Citroën Dyane – fast so schwachbrüstig wie sein Vorgänger, der 2CV – auf nassem Asphalt im Gebirge keine Wettrennen fährt. Wir waren wohl übermütig geworden, da es alle Nächte – 26 Mal – gut gegangen war. Ohne eine Schramme, ohne eine Beule.

Dann kam der eine Moment, der immer kommt, wenn das Glück aufhört: In einer abschüssigen Rechtskurve flogen wir raus, knallten gegen einen Markierungspfosten, ich riss das Steuer nach rechts, und wir knallten, diesmal mit dem rechten Kotflügel, gegen die Felswand, flogen zurück auf die Fahrbahn und knallten wieder gegen einen dicken Steinstumpen. Noch einmal riss ich das Fahrzeug nach rechts, und wir krachten ein zweites Mal gegen den Felsen. Dann schepperte es ein letztes Mal, und der Wagen kam zum Stehen. Auf dem Mittelstreifen. Mit drei lose hängenden Kotflügeln, zwei zertrümmerten Scheinwerfern, zwei schräg

stehenden Vorderrädern und einer gebrochenen Achse. Total-
schaden.

Wir stiegen aus und waren nüchtern. Keine Verletzten,
nur Susanne klagte über Kopfschmerzen. Eine Gehirner-
schütterung, wie sich später herausstellen sollte. Keiner be-
schuldigte mich, nicht ein Vorwurf. Vielleicht der Schock,
denn wir hätten anders enden können: Links ging es dreißig Meter tief in ein Flusstal, rechts standen die Tauern, fel-
senfest.

Wir räumten unser Gepäck heraus, zerrten das Wrack zur
Seite und machten uns zu Fuß auf den Weg. Bis wir an
einem Haus vorbeikamen, stockdunkel. Wir läuteten, und
ein freundlicher Mensch, obwohl aus dem Schlaf gerissen,
bat uns in die Stube und rief die Pannenhilfe an. Und der
Mann vom Abschleppdienst kam und meinte, dass wir
Glückspilze seien, denn vor einer Woche hätten sie eine
Familie, vier (!) Leute, aus dem Wasser geborgen. Als Tote.

Weit nach Mitternacht holte uns ein Freund ab und lud
uns auf. Kleinlaut hielten wir den Mund.

Ach, wir Maulhelden. Keiner von uns wurde ein Schau-
spieler-Ass. Unsere Karrieren zerschellten. Wie die Blech-
kiste. Nur dauerte es ein bisschen länger, bis wir es bemerk-
ten. Einer ersoff in Alkohol, eine sattelte auf Hausfrau um,
einer hob nie ab, und einer, ich, verließ fluchend den Beruf.

Aber damals, blutjung und strahlend, überlebten wir. Und
schon als 24-Jährigem fiel mir auf, dass das Leben nach solchen Augenblicken am unbezahlbarsten ist. Auch dann –
und das war der Preis für das Unbezahlbare –, wenn Alb-
träume mich heimsuchten. Die Monate danach.
Horrorbilder von fliegenden Autos, die in reißende Flüsse
stürzen. Oder mit vier Ertrunkenen, die flussabwärts drif-
ten. Oder mit vier in einer Karosserie Gefangenen, die mit

blockierten Sicherheitsgurten am Flussboden festsitzen. Oder mit Gerichtsverhandlungen, in denen ich wegen fahrlässiger Tötung zu zwanzig Jahren Arbeitslager verurteilt werde. Und stets wachte ich auf und war fassungslos selig.

Nervenkitzel zwei: Ich war mit Joe, dem Truckdriver, und André, dem Mechaniker, unterwegs. Von Nairobi in Kenia bis Bujumbura, der Hauptstadt Burundis. Mit 40 000 Litern Superbenzin im Anhänger. Gleich zu Beginn hatte ich Joe, dem Boss, die Hälfte der vereinbarten Summe gezahlt. Damit er mich (verbotenerweise) mitnahm.

Wann immer die Polizei – rastlos scharf auf einen Neben-verdienst – uns anhielt und fragte, was der Privatmensch im Führerhaus zu suchen habe, stellte ich mich als deutscher Chefingenieur von Mercedes-Benz vor. Der Motor mache Probleme, ich müsse gewiss einspringen. Das Wunderliche in Afrika: Jede Story ist willkommen. Aus taktischen Grün-den sollte man dennoch beim Erzählen diskret ein paar Scheine loswerden. Das macht die Geschichte noch will-kommener.

Wir drei verstanden uns bestens, André war gutmütig und kompetent, und Joe war ein lustiger Choleriker, ein Afrika-ner, der Afrika verspottete, ein Charmeur, ein Lastwagen-Rennfahrer von erstaunlicher Kaltblütigkeit, ein Säufer, ver-heiratet und in jedem Ort, in dem wir übernachteten, auf der Pirsch nach den *good-time girls*. Die man nie rufen musste, denn in jeder Bar warteten sie schon. Hielt ich ihm ein paar Kondome hin, lachte er mich aus.

Joe war ein gewiefter Bursche, eine *old Africa hand*. Ging es bergauf, fuhr er schlingernd die Straße entlang. Damit Ganoven nicht aufspringen konnten (um mit gezückten Messern die Crew zu verjagen). Oder heimlich – die Kanis-ter auf den Rücken gebunden – Benzin abzapften. Galt ein

Streckenabschnitt als berüchtigt, standen André und ich bei Einbruch der Dunkelheit außen auf den Trittbrettern und leuchteten mit Taschenlampen nach hinten. Um jeden Dieb rechtzeitig zu entdecken. Mit einem unheimlichen Vermögen waren wir unterwegs.

Vierter Abend, wir stoppten in Kayonza, einem Nest mit Bierausschank. Joe war erschöpft und gereizt, er fing zu trinken an. Meine mahnenden Zwischenrufe überhörte er. Bei der Weiterfahrt saß ich in der Mitte, direkt neben Joe. Rechts der stille André.

Die beiden Fenster waren weit offen, damit die Zugluft den Alkoholiker wach hielt. Ohne Erfolg, denn Joe vergaß immer wieder abzublenden. Als uns zum dritten Mal ein wild hupender Laster entgegenkam, meinte ich vorsichtig, dass Abblenden keine schlechte Idee sei. Das falsche Stichwort, denn jetzt explodierte Joes Jähzorn: »Halt die Fresse und kümmere dich um deinen eigenen Scheiß.« Und er schaltete fluchend – es ging via Serpentinen bergab, wir befanden uns in Ruanda, dem Land der tausend Hügel – das Licht aus, das ganze Licht. Und wäre das nicht Schrecken genug gewesen, riss er das Lenkrad nach rechts, nach links, nach rechts, nach links, torkelte ungebremst – mit dreißig Tonnen hochexplosiver Fracht im Nacken – durch das stockdunkle Afrika.

Zwei Sekunden in die verkehrte Richtung, und wir schleudern hundert oder zweihundert Meter tief in den Tod.

Der scheue André stieß einen langen hysterischen Schrei aus, und ich reagierte sofort und bedenkenlos, genau wie damals, als mir jemand Monate zuvor den Lauf seiner Kalaschnikow zwischen die Augen gehalten hatte: Ich winselte vor Angst, alles flog weg, das Ego, die Würde, jeder Stolz, ich winselte um mein Leben und stammelte: »Sorry, sorry, Joe, you are right, sorry, sorry, I will shut up, please, sorry, please forgive me.«

Die Todesangst ist kein Gedicht. Die Todesangst ist die Todesangst.

Und Joe kam zu Sinnen und schaltete das Licht wieder an. Und André drückte heimlich meinen rechten Unterarm. Und keiner sprach ein Wort, bis wir unseren Schlafplatz erreicht hatten.

Ja, das war zwanzig Jahre nach der Slalomfahrt durch die Tauern, und die Angst hier in Ruanda war virulent wie eh und je. Mit Lichtgeschwindigkeit kam sie zurück. Wie in vielen folgenden Nächten, in denen sich mein schweißge-badeter Körper an das Grauen erinnerte.

Nervenkitzel drei: Ich hatte einen Unfall, einen Fahrrad-unfall in Paris. Meinen bisher letzten und folgenschwersten: Eine banale Kreuzung, ich komme von rechts, ein Autofah-rer von links, er sieht mich nicht oder will mich nicht sehen und nimmt mir, im Sprinttempo unterwegs, die Vorfahrt. Ich knalle gegen seinen rechten Kotflügel und fliege los – mit der Schädeldecke voraus – und denke, dass ich auf der anderen Seite als Krüppel ankommen werde. Keiner über-steht einen solchen Aufprall auf knallharter Oberfläche ohne ein ruiniertes Skelett.

Ich landete, und mein Rücken brannte wie auf Feuer gebettet. Ich hob behutsam den Kopf, behutsam die Schul-tern und spürte, dass sie reagierten. Wie platt gehauen lag ich da, und dennoch, ich war – gerührt, hemmungslos gerührt. Da ich meinen Leib fühlte. Er kam mir vor wie ein Freund, der mich nicht verraten hatte. Ich wusste noch nicht, was auf mich zukommen würde. Diese Karambolage war meine längste Angst. Sie dauerte fünf Sekunden und fünf Monate. Im Kapitel SCHMERZ steht die Fortsetzung.

Vor vielen Jahren, im Gymnasium, hatte ich mir einen Satz des römischen Kaisers Marc Aurel herausgeschrieben: »Nicht den Tod sollte man fürchten, sondern dass man nie beginnen wird zu leben.«

Das ist die Mutter aller Ängste: dass die Zeit vergeht und am Ende kein Leben stattgefunden hat, nur mutloses Dasein, nur das zähe Bemühen, jeder Mutprobe, jeder Angstprobe davongelaufen zu sein.

Mit mir nicht.

Ein Moment im Leben –
Annas Vater

Annas Vater war gestorben. Anna war eine gute Freundin, umtriebig als Journalistin unterwegs. Print, Radio, Fernsehen, sie konnte alles. Wir hatten mehrmals zusammengearbeitet, und so blieb nicht aus, dass ich einiges aus ihrem Leben erfuhr: von ihrer Mutter, der sie seit Jahren aus dem Weg ging. Und von ihrem Vater, den sie liebte. Der Koch gewesen war und, soweit ich es verstand, ein Allerweltfreund.

Jetzt war Papa tot, und ich merkte, wie sie wankte. Aber sie war wie immer stark, verantwortlich, bestimmt. Sie organisierte die Bestattung, den Leichenschmaus und, die Wochen danach, die Auflösung des Haushalts.

In dieser Zeit war ich aus beruflichen Gründen in ihrer Stadt. Und so nahm sie mich mit in die Wohnung des Toten, ja, bot mir an, ein hübsches Teil, das mir gefiele, mitzunehmen.

Sweet old home, mit Schränken und Sofas so schwer wie Flugzeugträger, mit schrecklichen Tapeten und herrlich schrecklichen Bildern an den Wänden. Wie in Kindertagen zog ich an allen Schubladen, begierig zu erfahren, wie der Siebzigjährige gelebt hatte. Uhren, Münzen, alte Visitenkarten, Manschettenknöpfe kamen zum Vorschein, der übliche Krimskrams eines Single-Männerlebens. Bis ich im Gewühle eine wundersame Entdeckung machte, die ich nur deshalb identifizieren konnte, da ich vor Kurzem darüber gelesen hatte, rein zufällig: ein »Socken-Anzieher«, ein konisches Gebilde aus Plastik, auf dessen Spitze man eine Socke spannte, dann den Fuß hineinsteckte und mit Hilfe von zwei dünnen Stäben die Socke über den Fuß zog.

Ich verstand: Der dicke Papa, zuckerkrank, war zu ungelenkig geworden, um sich ohne technischen Beistand anzuziehen. Schlagartig fühlte ich mich dem Toten so nah. Weil mich die Vorstellung eines Menschen anrührte, der sich morgens mühselig via einer bizarren Gerätschaft ankleidete. Automatisch zog ich meinen linken Stiefel aus, auch mühselig, denn ich hatte eine nur Tage zurückliegende Knieoperation hinter mir. Und ich, der nie Socken oder Strümpfe trägt, kam nicht umhin, nun ebenfalls diese mittelalterliche Vorrichtung anzulegen: um mir einen von Papas Füßlingen überzustreifen. Ich spürte einen reißenden Schmerz im Knie, da ich das Bein ja doch leicht abbiegen musste. Und ich Depp bekam feuchte Augen. Aber nicht über mein jaulendes Knie, sondern über Annas Vater, der nun tot war und nie wieder ein Paar Socken anziehen durfte. Wie kitschig, aber so war es.

Ich hatte Glück, Anna demontierte gerade etwas in der Küche. Als sie ins Wohnzimmer zurückkam, hatte ich schon alle Spuren aus meinem Gesicht gewischt und streckte ihr, um ihr eine Freude zu machen, zwei kleine Batterien entgegen. Gefunden in der Kommode: »Schau, die nehme ich mit von Papa.«

EROS

Der englische Dichter W. H. Auden beneidete Astrophysiker. Denn keine Friseuse, kein Turnlehrer und kein Politiker würden ihnen hineinreden. Niemand. Zu fern sei das Thema der Wissenschaftler, zu kompliziert, zu unbegreifbar das endlose Universum für die Ahnungslosen. Sie sind ergriffen – und halten den Mund.

Anders, so Auden, bei der Dichtung. Da mag einer von Sprache so viel verstehen wie ein Sumoringer vom Reckturnen, egal: Jetzt legt sich jeder mit dem Text an, spuckt auf ihn oder preist ihn, weiß genau, warum die Zeilen grandios sind oder jämmerlich. Alle, unüberhörbar, wissen Bescheid.

Noch aufgeregter geht es zu, wenn von Eros und Sex die Rede ist. Da wird jede Leserin zur Fachfrau, jeder Leser zum Mann der Stunde. Da mag eine/r sich im Bett aufführen wie jemand, der den Akt in etwa siebeneinhalb Minuten – deutsche Durchschnittzeit – erledigt, da mögen die Herrschaften zu jenen Frauen und Männern gehören, die es, laut

Hochrechnungen, schaffen, insgesamt neun Monate im Leben zu putzen und zu bügeln, sechs Monate im Stau zu stehen, 24 Jahre zu schlafen und – zwei Wochen zu küssen, wie belanglos: Beim Sex sind alle Meister, hier hat jeder ein Wörtchen mitzureden.

Ich bin also gewarnt. Wer über dieses delikate Thema schreibt, betritt eine Falle. Denn natürlich entgehen auch Schriftsteller nicht der Gefahr, gar blümeranten Schwachsinn preiszugeben. Selbst manche der Gepriesensten werden zu verbalen Amokläufern, wenn sie glauben, erotische Weltliteratur abzuliefern.

Darf ich David Grossman vorstellen, den Hochverehrten, den Nobelpreisverdächtigen? Vorstellen seinen Absturz in unfassbaren Liebeskitsch, fabriziert in der Erzählung *Raserei*. Hier steht er: »Sie fährt zu ihm, fährt, rast nahezu zu ihm, ihre Augen kleben an der Fahrbahn, ihr Mund ist verkrampft, schon bald wird er geküsst werden, wird weich werden, wird schwellen und brennen (...), dann wird eine Zunge ausgestreckt werden und die Konturen nachzeichnen, welche sich ein Lächeln verkneifen, denn gleich wird er (der Liebhaber?) knurren, halt still, wenn ich male, und sie wird ergeben gurren, und bald werden seine Lippen auf ihren ruhen, werden mit der ganzen Fülle ihrer rauhen, männlichen Entschlossenheit auf ihnen liegen, werden sie verschlingen, sich in ihnen suhlen (...) und dann werden seine Lippen langsam an ihren Lippen lutschen, mit dem Ernst wahrhaft großer Leidenschaft, Zungen werden sich ineinander winden wie Kreaturen mit Eigenleben, und ihre Augen werden sich zu einem schwachen Seufzen kurz öffnen, ihre Augäpfel werden sich verdrehen, werden verbleichen, verschwinden.«

Ja, Zungen werden rausgestreckt, werden sich suhlen und eine die andere lutschen, einer wird knurren und Augäpfel werden sich verdrehen, hui, mag sein, aber auch unsere Mägen werden sich, in Raserei, drehen und winden, ja verbleichen angesichts so viel unfreiwilliger Komik.

Über Sex schreiben ist brandgefährlich. Weil der Abgrund der Lächerlichkeit hinter jedem Wort lauert. Deshalb halte ich – als Autor – meist den Mund und deute nur an. Der Leser soll den Rest fantasieren.

Im Kino nicht anders. Ach, wie anstrengend oft, Frau und Mann auf der Leinwand bei ihren Ehestandsbewegungen zusehen zu müssen. Statt träumen zu dürfen, was geschehen könnte. Nicht aus Prüderei schließe ich die Augen, eher aus Furcht, dass mir etwas zugemutet wird, was mich – ästhetisch – wenig entzückt. Eine erotische Szene zu filmen ist so riskant wie sie in Sprache zu übersetzen.

Will ich zwei ficken sehen, gehe ich auf *pornhub.com*. Dort enttäuscht nichts, denn nichts Elegantes wird erwartet.

Erstaunlich, wie herausfordernd es ist, von etwas zu erzählen, was wir so bitter benötigen: Sex, Eros, all die sinnlichen Spielereien. Und noch erstaunlicher, wie diese Spurenelemente jahrhundertelang verteufelt wurden. Himmel, wie viel Dreck hat man nach ihnen geschleudert, wie viele teuflische Eigenschaften und Nebenwirkungen ihnen nachgesagt, wie viel Wut und Hass haben sie provoziert. Er, der Eros, sie, die Sinnlichkeit.

Unleidigen Frauen und Männern sagt man nach, dass sie wohl zu selten (wenn überhaupt) geküsst und beschmust werden, ja, dass der Mangel an Zärtlichkeit in ein freudloses Menschenleben führt.

Gewiss, es gibt andere Ursachen, die Richtung armseliges Dasein manövrieren. Doch eine davon heißt bestimmt: nicht begehrt werden, nicht berührt werden. Das ist nicht lustig. Wie eine Niederlage fühlt es sich an.

Ja, auch ich habe begriffen, dass man von Neunzigjährigen nicht fordern darf, sich gleich morgens – sieben Mal die Woche – mit einem Lustschrei zu begrüßen. Doch kuscheln und aneinanderschmiegen könnten sie. Um es hinterher beschwingter mit dem Leben aufzunehmen.

Karl Lagerfeld ließ einst wissen: »Sex ab fünfzig ist unappetitlich.« Das kann nur einer sagen, der sich selbst als ungustiös empfindet. Gewiss, so mancher hat sich schon vor diesem Geburtstag dafür entschieden, dass aus seiner Figur kein Sehnsuchtsort wurde. Warum sich Leute derlei antun, das Abwracken des eigenen Körpers, das ist eine Frage, die tief ins Herz der Betroffenen reicht. Aber das ist ein anderes Thema.

Jedem, der keinen Sex hat und behauptet, er vermisse ihn nicht, glaube ich nicht. Keiner Frau und keinem Mann. Solche Reden klingen nach Schutzbehauptung. Um den Schmerz über den Mangel nicht aushalten zu müssen.

Es geht um mehr als um nackte Triebabfuhr. Die sich ja auch allein erledigen ließe. Es geht um das Glück, ersehnt zu werden. Dass eine / r nach mir verlangt: Ist das nicht einen Freudenschrei wert? Tag für Tag?

Doch, einem knappen Hundert bin ich begegnet, das sprach die reine Wahrheit. Es passierte in einem Café in Paris, wo das jährliche Treffen der »Asexuelles« stattfand. Jener Frauen und Männer, die schon immer oder irgendwann beschlossen hatten, dass physische Intimität für sie nicht infrage kommt. Nicht aus Glaubensgründen, nicht aus Ekel, nicht aus – ich habe es nicht erfahren. Zu verschwommen klangen die Antworten. Als wüssten sie selbst nicht genau, warum dieses Wunder sie kaltlässt. So viel begriff ich: Der Druck war nicht vorhanden, dieses unbedingte Wollen. Nein, auch keine unansehnlichen Menschen fanden sich hier zusammen, im Gegenteil, eine Reihe der Anwesenden – weiblich wie männlich – fiel als angenehm attraktiv auf. Unergründliches Menschenherz.

Klar, ein paar Augenblicke lang beneidete ich sie. Von einem Unruheherd weniger bedrängt werden, das hat was. Aber der Zweifel hielt nur kurz, dann erinnerte ich mich wieder an den Zauber, der mir entgehen würde.

Keinen Sex haben, nicht, weil man ihn nicht will, sondern weil man nicht mehr dazu fähig ist, das ist ein Desaster. Vor dem viele nicht gefeit sind. Weder Frauen noch Männer: Einmal trudelt die Psyche, einmal liegt ein rein körperlicher Defekt vor. Als es mich erwischte, ging ich – nach Tagen des Zögerns – zum Andrologen. Der mir nicht helfen konnte, da die Fehlerquelle in meinem Gefühlszentrum saß. (Was später von kompetenter Seite behoben wurde.) Doch ein Satz des Mediziners klang so bemerkenswert: »Viele, die auf die eine oder andere Weise im Bett Probleme haben, gehen nicht zum Arzt. Aus Scham. Und leben bis ans Ende aller Tage mit dem Dilemma.«

Als ich die Praxis verließ, fiel mir Ernest Bornemann ein, der unter anderem mit seinem *Lexikon der Liebe und Sexualität* international bekannt geworden war. Er hatte als Achtzigjähriger Selbstmord begangen. Auch wegen nachlassender Libido und »Hörigkeit« (sic). Man darf vermuten, dass seine Not von seiner über vierzig Jahre jüngeren Lebensgefährtin noch verschärft wurde, die ihn – so lässt das nachgelassene Tonband ahnen – verspottet hatte.

Nein, ich hatte keine Lebensgefährtin. Und gewiss keine, die mich verhöhnt hätte. Dennoch war meine damalige Freundin die falsche Frau. Aus Gründen, die hier nicht erzählt werden müssen. Doch als ich mich von ihr getrennt hatte und jemand anderem begegnete, wurde ich wieder

Mann, ganzer Mann. Ohne Suizidgedanken, nur voller Lebensschwung.

Eros ist ein ungemein geheimnisvoller Ort, den zu betreten so vieles von der Frau und dem Mann verlangt: Ein Gleichgewicht der Kräfte muss sein. Und so eine Begabung der beiden, den Flow herzustellen, sprich, dass jeder den anderen spüren lässt, dass in dieser Stunde – weit weg von der Welt – alles stimmt, kein Atemzug anders sein soll, alles willkommen ist, alles – Blicke, Seufzer, *dirty talking* –, das Feuer im anderen entfacht. Und wenn aus dem Mann ein Meisterlein werden soll, so tut er gut daran – von Anfang an, mittendrin, bis zuletzt –, von der Schönheit seiner Geliebten zu singen. Mit Worten, blau und luftleicht. Auf dass die Beschenkte die Augen schließt und nicht aufhören will hinzuhören.

Man kann sich diesem Thema auch annähern, indem man davon berichtet, was einen anwidert. In einer großen, überregionalen Zeitung las ich den Bericht über einen aktuellen Trend in Deutschland: »MILF«, Mother I'd like to fuck, eine Mutter, die ich gern ficken würde. Ein Trend, der mutmaßlich im Mainstream angekommen ist. Im Proleten-Mainstream, wie man nach dem Lesen des Artikels vermuten darf.

Der Reihe nach: Das germanische Mannsvolk will jetzt viel lieber reife Mütter vögeln als junge Nichtmütter. Da sie, die Jungen, meist silikongepuffert und von oben bis unten »künstlich« seien. Im Gegensatz zu den »MILFs«, den »neuen Ikonen der Lust«.

Als Alternative zu den (angeblich) pneumatischen Gesichtslosen wird uns Tina alias »Dirty Tina« als angesagtes Vexierbild hiesiger Männerbüffel vorgestellt: Deutschlands Parade-Tina, Mutter zweier Kinder und Ex-Bankangestellte, die vor einigen Jahren auf Pornodarstellerin umsattelte. Inzwischen drehte sie mehr als 400 Schnellfickstreifen, die man auf über zwanzig Portalen besichtigen kann. Sie gilt nun als Inbegriff dessen, was Eros und Sex ausmachen, ja, sie zeigt, wo es langgeht von wegen Swing und Herrlichkeit auf Erden.

Zarte Seelen, bitte einmal durchatmen, denn nun folgt der Blick in Tinas Arbeitswelt: »Herein in die Bumsbude«, sagt die knapp Fünfzigjährige und bittet einen 25-jährigen Ingenieurstudenten in ihr Einzimmer-Dachapartment. Mittagszeit, unten eine laute Straße, irgendwo im Münsterland. Die Hauptdarstellerin, eher fleischig und so gar nicht mehr drall, zieht sich – was sonst? – schwarze Strapse, einen Tanga und High Heels an. Den Büstenhalter, der die Brüste gegen das Gesetz der Schwerkraft auffängt, hatte sie bereits an. Vorsorglich.

Nun geht es blitzschnell: Geschwind steht der Studiosus nackt da, der (dritte) Ehemann der Pornolady schaltet die Kamera ein, und die beiden, Traum-Tina und der Jüngling, suchen das lila Bett auf. Dann zack das Kondom drauf, dann umstandslos reinstecken, dann hin- und herrammeln, dabei ein bisschen echt (er) und ein bisschen falsch (sie) stöhnen, und nach präzise zwei Minuten hat der Lustboy sein Geschäft erledigt. Ein weiterer Höhepunkt in Tinas Filmarchiv. Genauer: sein Höhepunkt. Der Orgasmus der Frau kommt im Pornobusiness nicht vor. Was zählt, ist der sprudelnde Männersaft. In Windeseile, bitte.

Tina bittet zum Kaffee. Und was der Knabe, der hier unbezahlt seinen Schwanz zur Verfügung stellen durfte, von sich gibt – Kaffee schlürfend –, ist hinreißend schwachsinnig: »Viele junge Männer wollen Frauen nicht immer an den Sex ranführen müssen, sondern sich auch mal fallen lassen und von einer reiferen Frau angeleitet werden.« Wunderlich debil: Männer führen Frauen grundsätzlich »an den Sex ran«

und ja, sie, die Führer, wollen sich zudem − wir waren gerade dabei − »fallen lassen« und von einer Reifen »angeleitet werden«.

Wie zutreffend, hier konnte man einer Reiferen gerade beim Anleiten − »hier geht's rein!« − zuschauen. Und zweifelsohne wird jede Frau bei dem Gedanken vibrieren, diesen Bauingenieur-Lehrling ins Reich der 1001 Sünden zu entführen. Oder von ihm dorthin entführt zu werden.

Vielleicht noch ein Hinweis auf Tinas Website. Jetzt muss Schnaps her. Unter so erhaben klingenden Stichwörtern wie »Wichs-Countdown« und »Vollgespritzt« und »Spermageile Milf« blickt der Betrachter auf Menschenleiber beiderlei Geschlechts, von denen man sich wünscht, sie nie nackt gesehen zu haben. Das ist natürlich ein gräulich arroganter Satz, denn alle Notgeilen der Republik scheinen wie verrückt auf diese Seite zu klicken. Wo jeder auch als Mitglied willkommen ist: Mailadresse angeben, und ab sofort »kannst du« − so verspricht es die Hausherrin − »bei mir einlochen, ähem, einloggen«. Gegen Eintrittsgeld.

Wie äußerte sich einer der Bullen, der gern hier einlochen würde? »MILFs sind keine Prinzessinnen, sie sind Königinnen.«

Aua.

Aber ja, ich habe das Schaudern beim Lesen des Beitrags genossen. Weil ich wieder kapiert habe, vor was allem mir graust. Ich wusste es schon vorher, aber jetzt weiß ich es noch eindeutiger. Wären Dirty Tina und die auf ihrer Homepage dargebotenen Damen die einzige Option, uff, ich würde das Gelübde der Entsagung ablegen. Und wäre ich Frau und müsste mich mit den angebotenen »DILFs« (Dads, die ich gern ficken würde) vergnügen, ich schmiedete mir einen Keuschheitsgürtel aus Titan.

Warum Männer sich das antun? Tina-MILFs, die nicht küssen, nicht spielen, nicht mit Wärme umarmen? Die nichts wissen wollen vom Unterschied zwischen grauenhaftem Sex und zwei Körpern, die flirren? Vorgeblich, so suggeriert es die Story über die Frau im Mansardenpuff: weil sie eine Antwort sei auf »die Plastikwelt des Fernsehens, der Laufstege und der Werbung«. Zum Wiehern. Natürlich schminkt sich Tina, *the working girl*, natürlich trägt sie »hilfreiche« Unterwäsche, natürlich wird so ausgeleuchtet und so gefilmt und so geschnitten, dass die weniger verlockenden Körperteile im (Halb-)Dunkel bleiben. Und natürlich landet jeder männliche Zweibeiner, der hier antritt, mitten im eiskalten Kapitalismus: Für einmal – nur zwei Dutzend Atemzüge lang – Tina bumsen dürfen kassiert die Authentische eine Ewigkeit lang Zaster. Mittels ihrer Pay-Filmchen.

Ich hätte eine andere Idee, warum die Dame für viele so verheißungsvoll ist. Gerade für Männer, die eher schrumpfen in der Nähe von Frauen, eher tölpelhaft mit Sprache und Gedanken umgehen: Sie müssen nicht »investieren«, sie müssen nicht betören, nie besteht die Gefahr, sich zu blamieren, ja, abserviert zu werden. Und nie drohen Gefühle, die überfordern. Kein Vorspiel, kein Nachspiel, nur Jackpot: Peng!

Und jeder Rambo ist gern gesehen. Weil er zahlt: mit einer Performance, die anschließend versilbert wird. Auf eine gewisse Weise ist der Freier der Frau ebenbürtig. Auch weil sie – nicht zuletzt – die Blüte schon überschritten hat, ihr Körper nicht mehr als Atombombe daherkommt, sie bereits das berühmte »dankbare Alter« erreicht hat. Ja, so einfach: Sie macht keine Angst.

Die Tina-Kundschaft erinnert mich an eine andere Rasse von Männern, jene, die – nur ein Beispiel – nach Kasachstan fliegen. Um sich in Astana, der Hauptstadt, in eine Ausstellungshalle zu begeben, wo Kasachinnen warten, die bereitwillig westliche Herren ehelichen würden. Einbestellt von einer Agentur, die auf derlei Geschäfte spezialisiert ist.

Bei einer Reportage zum Thema traf ich einen der Bräutigame, bauchig und haarig, der auf die Frage, warum er sich die Umstände antue, meinte: »Ich habe genug von deutschen Anspruchsfotzen.« Ein abgründiger Satz, doch eindeutig. Hier waren die meisten der (weiblichen) Versammelten jung und schön, was jedoch bei den Bauchigen und Haarigen keine Panik auslöste. Nein, das klingt keineswegs widersprüchlich zum eben Gesagten. Denn die Bräute waren arm und die Angereisten wohlhabend. So brachte das (finanzielle) Machtgefühl die Angst zum Schweigen: »Ich kaufe die Frau, also bin ich der Massa im Haus.« War es bei den MILFs das Alter, so bewahrte hier der soziale Kontrast die Männer vor dem Gefühl des Unterlegenseins.

Nun denn, jeder nach seiner Fasson. Da ich aber schwer in Schönheit und Freiheit verliebt bin, besuche ich keine Damen, die vor dem Expressficken eine Kamera installieren. Nur Elefanten tun es noch rasanter. Immerhin schnüffeln sie vorher aneinander, um herauszufinden, ob Pheromone, die Sexuallockstoffe, locken. Dann entsteht Wallung, und die beiden legen los. In Tinas lila Bettstatt riecht es nach Business.

Und nach Asien fliegen, um mir eine Hausfrau zu besorgen, die mich tagsüber bewirtschaftet und abends fügsam die Beine spreizt? Auch nicht sexy. Da kein Funken Begeisterung umginge zwischen der Geshoppten und dem Shopper. Ich würde nie die fixe Idee los, dass sie von meinem Geld träumt und nicht von mir.

»Sexualorgane sind zum Gebrauch bestimmt und dürfen nicht öde und unbebaut bleiben.« Vor Jahren entdeckte ich das Graffito an einer Klostermauer. Findiger Satz, treffsicher platziert. Aber das Bebauen der *most private parts* muss Pfiff haben und sprühen und ein bisschen beseligen.

Eine solide Aufklärung über Sexualität reicht durchaus. Doch Eros? Dorthin ist der Weg verschlungener. Ein Glückspilz, der eingeweiht wird von einer (von einem), die (der) schon früher dort ankam. Und das Entscheidende bereits begriffen hat: den anderen, den Umschlungenen, wahrnehmen. Nicht sich zielgerichtet begatten, sondern sich zudecken mit Küssen und Gestammel und der Freude über so viel haltlose Nähe.

Ach, weiß der Teufel, was Eros sein soll. Und umwerfender Sex. Darüber reden erinnert mich an die Mühsal, eine Erektion herzustellen. Sie »machen« geht nicht, sie ist da oder nicht da. So ähnlich breitet sich – auf eher wunderliche Weise – Wonne in einem Bett aus. Man fühlt es oft erst hinterher: Irgendwie sind die Tage dann prächtiger, für Stunden weniger absurd und bedroht.

Kafka sprach vom »Sex als Sehnsucht nach Schmutz«. Armer Franz, du Genie, das so oft – nur Schritte vom Schreibtisch entfernt – von der Welt besiegt wurde.

Nein, Sinnenfreude ist von phänomenaler Reinheit, sie ist das der Glückseligkeit Nächste, dessen wir teilhaftig werden. Sie schenkt uns Leben und – den Auserwählten – eine Ahnung von Liebe.

RELIGION

Ein Mensch mit einem Autoritätskomplex ist jemand, der vor einer Autorität schrumpft, ja, Angst bekommt, kuscht, automatisch akzeptiert, was die Autorität sagt. Die mag angemaßt, aufgeblasen, unverdient, ja, via Gewalt etabliert worden sein: Egal, sie schüchtert den Komplexbeladenen ein, er pariert. Hunderte Millionen tun das. Kein Wahn auf Erden wäre ohne diese Heerscharen Folgsamer möglich gewesen.

Eine meiner passablen Eigenschaften verdanke ich meinem Vater. Er war ein Ex-Nazi, ein Rosenkranztandler, ein Allerweltfeind. Und er forderte Autorität. Dank ihm habe ich gelernt, Autorität zu hassen. Von der Pike auf. Schlägernde Pfaffen und tätliche Lehrer haben bei diesem Prozess mitgeholfen. Aufgrund ihres Verhaltens wurde ich erwachsen: Sobald ich zu irgendetwas genötigt werden sollte, fragte ich zuallererst mein Hirn, ob es damit einverstanden war. Oft war es das nicht, und so hatten wir ein Problem. Keinen Autoritätskomplex zu haben ist ein anstrengendes Geschäft.

Dass ich Autorität achte, ja, verehre, wenn sie sich von tatsächlichen Verdiensten nährt, von Klugheit und ungewöhnlichen Talenten – das versteht sich von selbst.

Das Thema kann lebensgefährliche Ausmaße annehmen, wenn es sich um Religion handelt. Sagen wir, um die beiden (mächtigen) Monotheismen Christentum und Islam. Millionen, nein, Abermillionen, fielen – als Leichen oder zu Krüppeln Gefolterte – dem Gotteswahn und den zwei »ewigen Wahrheiten« zum Opfer. Immer und grundsätzlich mithilfe der Folgsamen, all jener, die lieber nicht denken und lieber nicht fühlen. Aber geflissentlich Ja sagen und das Holz für die Scheiterhaufen holen.

Klar, auch Gottlose zählen zu den Duckmäusern. Mehrheitlich. Auch Kommunisten haben blindlings und rastlos und verlassen von aller Menschenliebe ihre Zeitgenossen aus dem Weg geräumt. Millionenfach. Doch die größten und lichterlohsten Leichenhaufen inszenierten die Religiösen: Zählt man nur geduldig alle einschlägigen Blutorgien und Kreuzzüge und Judenpogrome zusammen, plus *la Conquista*, plus Dreißigjähriger Krieg, plus Inquisition, plus die islamische – totschlaglustige und mordselige – Missionierung, dann kommt keiner an der Wirklichkeit vorbei: Ihre Götter, ob sie nun Herr Gott oder Herr Allah heißen, haben sich als die blutrünstigsten Befehlshaber erwiesen.

Natürlich sind die Götter schuldlos, und natürlich will keiner von ihnen Blut sehen und Kriege anzetteln. Die ominösen Herren (weibliche Führungskräfte gibt es in einem patriarchalischen Weltbild nicht) wurden erfunden, »geoffenbart«, als furchterregendes Druckmittel in die Welt gezerrt. Denn die Aussicht auf göttliche Rache – wir wissen es längst – ist das Zaubermittel, um Milliarden in Furcht und Schrecken zu versetzen.

Als Halbwüchsiger hatte ich Glück. Früh fiel mir der Widerspruch zwischen den »Liebe-deinen-Nächsten«-Sonntagspredigten und den Bosheiten auf, die während der folgenden Werktage stattfanden. Hinter unserer Haustür, vor unserer Haustür. Ich begriff schon als Teenie, dass weniger Angst mehr Leben bedeutet. Und dass so ein diffuses Gefühl von Bedrohung – von oben, per Weltenrichter – auf geradezu unheimliche Weise die Lebensfreude stranguliert.

Da dieses Buch *Gebrauchsanweisung für das Leben* heißt und nicht *Anleitung zur Schafswerdung*, will ich kurz erzählen, wie ich den überirdischen Wahn – eingedrillt in Hunderten von Religionsstunden – wieder loswurde.

In der Bibliothek meines (katholischen) Vaters entdeckte ich eine Lutherbibel, die uralte Ausgabe von 1912, »neu durchgesehen«, hieß es da und »vom Deutschen Evangelischen Kirchenausschuss genehmigt«. Also kein vom Antichrist frisiertes Machwerk, sondern das ganz offizielle »Wort Gottes«. Und ich begann – gemeinsam mit einem Freund –, die Schwarte zu sichten.

Ehrlich gesagt nicht Zeile für Zeile, doch exklusiv auf der Suche nach Stellen, die – so hatte ich es immer flüstern hören – so gar nichts mit der allseits intonierten Liebe des Herrn für seine Menschheit zu tun hatten. Himmel, wäre ich heute fünfzehn, ich bräuchte ein paar Klicks im Internet, um das zu finden, was uns damals monatelang in Anspruch nahm.

Zuerst die martialischen Sprüche aus dem Alten Testament, nur eine winzige Auswahl. Beginnen wir, rein zufällig, mit dem Thema Homosexualität. Sie gilt in der Bibel grundsätzlich als »schändliche Leidenschaft«. Der Herrgott muss ein Schwulenhasser gewesen sein, denn er ließ über Herrn Moses (3. Mose 20, 13) ausrichten: »Wenn jemand beim Manne liegt wie bei einer Frau, die haben einen Greuel getan und sollen beide des Todes sterben.«

Der Herr der Herrlichkeit hat sich mehrmals zu diesem Thema geäußert, der Grundton blieb der gleiche: Jeden schlachten, der nicht »normal« ist!

Nächster Punkt: Frauen. Da hagelt es nicht weniger Todesurteile. Selbstredend sind sie – so will es die himmlische Hackordnung – »dem Manne untertan«. Wie einleuchtend, denn Männer haben die Bibel geschrieben. Und dass Frauen zuallererst als Gebärmaschinen für der Herren Fortpflanzungswahn zur Verfügung zu stehen hatten, auch das klingt gottgegeben logisch. (Zu den paar den Frauen gestatteten Berufen gehörte das Handwerk der Hebamme!) Bekamen sie keine Kinder, konnte der Mann sie verstoßen. Eine Scheidung durfte nur der Mann vollziehen. Natürlich war es der Krone der Schöpfung erlaubt, mehrere Ehefrauen zu beschlafen. Eine Frau jedoch musste ihm – unter Todesstrafe – treu bleiben. Sie war seine Beute, sein Eigentum.

Zurück zum buchstabengetreuen »Wort Gottes« in der Übersetzung von Luther. Moses hatte gerade wieder mit dem Herrn geplaudert, der ihm diesmal folgenden Mordauftrag aushändigte (3. Mose 20, 18): »Wenn ein Mann beim Weibe schläft zur Zeit ihrer Krankheit und entblößt ihre Scham und deckt ihren Brunnen auf, und entblößt den Brunnen ihres Bluts, die sollen beide aus ihrem Volk ausgerottet werden.«

Absolut einleuchtend: Ein Paar, das sich liebt, wenn die Frau ihre Tage hat, gehört »vertilgt« (so steht es in anderen Ausgaben). Die monatlich blutende Frau ist »krank«, man sieht: Selbst als hochrangige Frauenfachärzte machte sich das Duo – der Allbarmherzige und sein Sprachrohr – einen Namen.

Gleich mitliquidiert werden sollen Jungfrauen, die nicht laut gebrüllt haben (siehe 5. Mose 22, 23–24 und siehe Köln, Silvesternacht 2015/2016): »Wenn eine Dirne (= Mädchen) jemand verlobt ist, und ein Mann kriegt sie in der Stadt und schläft bei ihr, so sollt ihr sie alle beide zu der Stadt Tor ausführen und sollt sie steinigen, daß sie sterben – die Dirne darum, daß sie nicht geschrieen hat (…).«

Jetzt etwas für Söhne, die aufsässigen. Auch da gibt es keinen Gnadenrabatt, ab zur Steinigung. In 5. Mose 21, 18–21 heißt es: »Wenn jemand einen eigenwilligen und ungehorsamen Sohn hat (…) So sollen ihn steinigen alle Leute der Stadt, daß er sterbe (…), daß es ganz Israel höre und sich fürchte.«

Lassen wir die Narreteien. Man könnte hundert Seiten vollschreiben, die davon berichten, wie der alttestamentarische Weltenoberste so ziemlich alles vernichten will, was nicht nach seiner Pfeife tanzt: Greise, Frauen, Kinder, Männer, ach, ganze Völkermorde wurden diktiert.

Erfreulich wäre nun, wenn Hirn ins Spiel käme. Und das Hirn würde uns sagen, dass wir es nicht mit »Gottes Wort« zu tun haben, sondern mit Männern – getrieben von einer bestimmten politischen und moralisierenden Gesinnung –, die diesen grausamen Nonsens erfanden. Und ihn – schon schlau – einem »Allerhöchsten« in den Mund schoben. Subtext: Allerhöchsten widerspricht man nicht. Bei Zuwiderhandeln: Köpfen! Steinigen! Abfackeln! Lebendig begraben! Ersäufen! Ad infinitum horrendum!

Margot Käßmann, Theologin und Ex-betüterte-Ratsvorsitzende der Evangelischen Kirche in Deutschland, ließ uns einst wissen: »Man fällt nie tiefer als in Gottes Hand.«

Hm, ich würde lieber in anderer Leute Hände fallen.

Bibelforschung, zweiter Teil. Ich kenne Christen, denen

die Metzeleien des »Alten Testaments« schwer im Magen liegen, ja, sie in Erklärungsnot geraten, wenn sie den Größenwahn des Allgütigen rechtfertigen sollen. So verweisen sie – sichtlich erlöst – auf das »Neue Testament«, wo der wohlgeratene Sohn des Massenmörders, Herr Jesus, auftritt. Er macht alles wieder gut, er ist die reine Liebe, er hat sich ja selbst schlachten lassen für unsere Sünden (die uns schon beflecken, bevor wir den ersten Schnaufer getan haben).

Halt ein, liebe Leserin, lieber Leser, denn bei meinen jugendlichen Recherchen war mir aufgefallen, dass die Sonntagsprediger immer nur die lieblichen Sätze des viel Gepriesenen zitierten. Die zu Menschenliebe und Friedsamkeit aufrufen. Nun denn, an diesen Tagen muss Herr Jesus gut gelaunt gewesen sein, da zu anderen Zeiten – den ebenfalls von den Evangelisten überlieferten und von den Sonntagspredigern wohlweislich unterschlagenen – der zornbebende Vater bei ihm durchkam. Das Angebot ist auch hier immens, und ich will mich auf fünf Brandsätze beschränken. Sie allein reichen, um die Welt anzuzünden.

Bombe eins, Friedensfürst Jesus spricht Klartext (Matthäus 10, 34): »Ihr sollt nicht wähnen, daß ich gekommen sei, Frieden zu bringen auf die Erde. Ich bin nicht gekommen, Frieden zu bringen, sondern das Schwert.«

Anschließend legt Jesus nach, der eifersüchtige Ränkeschmied will sich um mehr häusliche Gewalt kümmern, dank Lukas (14, 26) wissen wir Bescheid: »Wenn so jemand zu mir kommt und hasst nicht seinen Vater, Mutter, Weib, Kinder, Brüder, Schwestern, auch dazu sein eigenes Leben, der kann nicht mein Jünger sein.« *Hate is good, hate is divine.*

Wie der Vater, so duldet der Sohn keine jugendlichen Gegenreden, dafür hält er die Todesstrafe in petto (Matthäus 15, 4): »Gott hat geboten: ›Du sollst Vater und Mutter ehren;

wer Vater und Mutter flucht, der soll des Todes sterben.‹«
(Biblisch absurd, denn gerade noch hat der Oberschafshirte
darauf bestanden, die eigenen Eltern – unter anderen – zu
hassen.)

Über seinen Fanclub aus dem Volk lässt das »Licht der
Welt« nichts kommen, (Matthäus 18, 6): »Wer einen einfachen Gläubigen ärgert, sollte mit einem Mühlstein am Hals
im tiefsten Meer ersäuft werden.«

Zuletzt eine Szene, die mich – Jahre später – an einen
Mafiafilm mit James Cagney erinnerte. Bei Lukas (19, 27)
kann man den ersten Drehbuchentwurf schon nachlesen:
»Doch jene meine Feinde, die nicht wollten, daß ich über
sie herrschen sollte, bringet her und erwürget sie vor mir.«

Genug der irren, wirren Reden. Selbst wenn noch fünfzig dieser lammfrommen Sprüche zur Verfügung stehen,
Fakt ist: So wenig wie das »Alte Testament« von »Gott Vater«
erzählt, so wenig ist Herr Jesus der »Gottessohn«. Fest steht:
Zur Zeit der römischen Besatzung Palästinas bevölkerten
Hunderte von Wanderpredigern das Land. Von ihnen spielten sich so manche als »Messias« auf oder schmückten sich
mit ähnlich überirdischen Titeln. Wissenschaftlich geprüft
ist die ernüchternde Einsicht: Alle Evangelien wurden eine
oder mehr als zwei Generationen nach der Geburt eines
Mannes geschrieben, dem sie den damals eher gewöhnlichen
Namen »Jesus« gaben. Geschrieben weit weg von der Zeit,
weit weg vom Schauplatz, zusammengestückelt von Leuten,
die ihn nie gesehen hatten, die sich – im Märchenland Ori-
ent – auf »Augenzeugenberichte« von Personen stützten, die
sich wiederum auf »Augenzeugenberichte« beriefen: ad
infinitum absurdum. Umso aberwitziger, als es keinen einzigen Zeitgenossen und tatsächlichen Augenzeugen gibt, der
schriftlich über den so wundersam vom Himmel Herabge-

stiegenen und das die »damalige Welt« angeblich so bewegende Ereignis Zeugnis abgelegt hätte. Nichts liegt vor. Gar nichts. Auch der viel zitierte Tacitus verließ sich, Jahrzehnte später, aufs »Hörensagen«.

Ich erinnere mich an meine lange Reise durch Palästina und die Erfahrung, dass ich schon froh sein musste, wenn ich am ersten Tag nach einem Vorfall aus allem Gehörten eine einigermaßen wirklichkeitsgetreue Schilderung rekonstruieren konnte. Nach Gegenchecks, nach dem Rausfiltern aller beabsichtigten und unbeabsichtigten Verdrehungen, nach Abwägen von zehn oder zwanzig Stimmen, die sich oft haarsträubend widersprachen.

Lukas scheint der begabteste Märchenonkel gewesen zu sein. Etwa fünfzig Jahre nach Jesu Geburt beschreibt Mister Lukas – weit weg vom Ort des »Geschehens« – dieses in allen Details. Dass ein anderer der vier Fantasten die göttliche Niederkunft – Maria, die Jungfrau, wurde ja vorher vom »Heiligen Geist« geschwängert – woanders hat stattfinden lassen, soll nicht stören. Geht es ums Hochheiligste, haben Tatsachen nichts zu melden. Auch im »Alten Testament« wimmelt es von widersprüchlichen, wissenschaftlich vollkommen unhaltbaren Aussagen. Wie sagte es Karlheinz Deschner, Verfasser der zehnbändigen *Kriminalgeschichte des Christentums*, so grandios treffend: »Je größer der Dachschaden, desto schöner der Ausblick zum Himmel!«

Dass es im Koran nicht intelligenter und zartfühlender zugeht, auch das hat sich bei den Einsichtigen herumgesprochen. Nehmen wir nur eines von unzähligen Beispielen, die umstandslos zeigen, wie mit jenen zu verfahren ist, die den Herren Mohammed und Allah widersprechen (Sure 5, Vers 33): »Der Lohn derer, die gegen Allah und seinen Gesandten Krieg führen und überall im Land eifrig auf Unheil bedacht sind, soll darin bestehen, dass sie umgebracht oder gekreuzigt werden, oder dass ihnen wechselweise Hand und Fuß abgehauen wird, oder dass sie des Landes verwiesen werden.«

Dass die Frau auch hier nur als halbe Portion gilt und sich der Mann gleich vier davon zulegen darf und die Angetraute – wenn sie nicht unter einem Steinhagel verenden will – ihr außereheliches Begehren schwer verheimlichen sollte, versteht sich von selbst. Klar, der anmaßende Kokolores wurde dem Propheten direkt vom Islam-Gott »geoffenbart«, sprich, jeder Furz soll göttlich und ewig gelten. So lautet der Wahrheit letzter Schluss, in allen Religionen: Der Chef der Männer ist der Herrgott, und der Chef der Frauen ist der Mann.

Teufel nun, was bewegt Menschen, diese monotheistisch-christlich-muslimischen Barbareien, diesen Altherren-Mumpitz für bare Münze zu nehmen? Ja, katastrophaler noch, ihnen jahrtausendelang blindlings und mordlüstern zu folgen? Warum lassen sich die Gottesanbeter knebeln von einer Moral, die – milde formuliert – nichts zur Lebenslust beiträgt, nie die Glücksfunken anfeuert, eher selten zur Freundschaft zwischen den Völkern anstiftet, nie »unnormale« Frauen und Männer achtet, nie das Hohelied des Denkens anstimmt, nie Einspruch duldet?

Die Antwort ist komplex, aber eine Antwort übertönt alle anderen. ANGST! Die kleinere Angst: dass das Leben nach dem Tod vorbei ist. Und die ganz furchtbare Angst: dass der Weltenhöchste ihnen, den Ängstlichen, jede Abtrünnigkeit am »Jüngsten Tag« heimzahlt. Mörderisch heimzahlt.

Hat man die Angst erst einmal erfolgreich verkauft, dann kann man den Hirngewaschenen jedes weitere Abrakadabra andrehen: die Höllenbrunst, das züngelnde Fegefeuer, gen

Himmel rauschende Jungfrauen (im Islam dürfen die Gläubigen immerhin einen kompletten Jungfrauen-Harem vögeln), den Größenwahn der absoluten Wahrheit, die Bereitschaft zur Gewalt, die Erhabenheit der Dummheit (»Glücklich die Armen im Geiste ...«), die Intoleranz, das unerschöpfliche Sündenregister, die grenzenlose Nichtigkeit vor dem Himmelsfürsten.

Bei meiner lieben, erschöpften, erbsündenverblödeten Mutter konnte ich ihn fast hautnah beobachten: den Gurgelgriff, den der katholische Glaube an ihr praktizierte. Selbst für einen (von mir angemahnten) Kirchenaustritt würde sie – so die Begründung ihrer Ablehnung – »von Gottes Hass« bestraft.

Eines Tages habe ich ihr Elend begriffen, vollkommen begriffen. In einem Buch, das sie damals las, fand ich ein Lesezeichen, auf dem fett gedruckt stand: »... freut euch, daß ihr Anteil an den Leiden Christi habt! Petrusbrief 4:13.«

Wo die Brechstange Vernunft ansetzen bei so viel wahnwitziger Inbrunst? Wohl Schwerstarbeit, denn der Monotheismus befriedigt noch eine weitere Sehnsucht: die Sehnsucht nach dem »Vater«, dem Weltenvater. Nach einem, der über allem steht, ja, der aufräumt und uns dereinst aus dem Chaos der Welt retten wird. Das schier unstillbare Verlangen nach dem »guten Hirten«. Der seine Schafe ins Königreich Gottes führt.

So sind wir wieder beim Thema Autorität gelandet. Für viele ist es offensichtlich unvorstellbar, in Eigenverantwortung ihr Leben zu organisieren, sprich, ein freier, selbstständig denkender und handelnder Mensch zu werden. Nein, einer muss her, der anschafft. Dem großen Haufen hinterherrennen – ganz gleich, ob es sich um religiöse oder weltliche (die erfolgreichste zurzeit: grimmiger Konsumismus)

Schafsdressur handelt: Ein solcher Lebensentwurf klingt unwiderstehlich verführerisch.

Natürlich braucht ein Mensch Vorbilder, ja, Leitlinien, um ein Ziel auszumachen, eine Richtung, in die er gehen will. Er muss einen Sinn finden. Warum aber den (leeren) Himmel danach absuchen? Warum nach Göttern Ausschau halten, die erstaunlich wenig zur Verschönerung des Lebens hier auf Erden unternommen haben? Warum kein Loblied auf den Humanismus anstimmen? Warum nicht als Humanist auf die Welt schauen? Und auf die Weltbewohner? Ohne Kirchenglockenterror um sechs Uhr morgens, ohne täglich fünfmaliges Gebrüll nach Allah, ohne Missionierungswahn, ohne Schlachtruf, ohne Trostversprechen aufs dubiose Jenseits, ohne einen einzigen Rachegott. Nur Menschen, nur Humanisten – humanus/menschlich –, die verstanden haben, dass jedes Wesen – kraft seiner Geburt – Würde und Respekt verdient: Frauen, Männer, gelbe, schwarze, weiße, alle. Geeinigt darüber, dass absolut niemand als »Erbsünden-Befleckter« auf die Welt kommt, um schon die erste Ladung Schuld zu kassieren. Ja, dass keiner getauft werden muss, um ihn »vor Satans Macht« – 2015 bei einer Taufe gehört – »zu bewahren«. Ja, keiner einen Treueschwur ablegen muss, um göttlicher Vergeltung zu entgehen. Ja, keiner (wenn er denn Glück im Unglück hat) ins Fegefeuer muss, um die Bosheiten eines Sadisten auszusitzen. Ja, keiner töten und sterben muss, um den Blutrausch eines Überirdischen zu befriedigen.

Was er jedoch müsste, was er sollte, der Mensch: Freundlichkeit trainieren, Mitgefühl und – für die Begabtesten unter uns – Güte.

In einem Bericht über Angela Merkel und ihre Flüchtlingspolitik las ich: »Ihr Verhalten speist sich aus einer christlichen Ethik.« Ich weiß nicht, ob das stimmt, aber ich denke mir bei solchen Aussagen immer: Warum muss sich ein anständiges Handeln auf eine Religion berufen? Warum muss der Herrgott bemüht werden, um ein menschenwürdiges Tun zu erklären? Braucht Frau Merkel den christlichen Gott, um sich rühren zu lassen vom Leid anderer? Vermutlich nicht, denn viele, die keine Christen sind, lassen sich ebenfalls rühren. Aus der so simplen Überzeugung heraus, dass andere ein gräuliches Schicksal trifft. Und dass Hilfe vonnöten ist.

Ist es nicht ein Armutszeugnis, wenn man erst mittels »höherer Instanz« zur Anteilnahme bereit ist? Also man nicht um der Menschen willen, nein, erst um Gottes willen eingreift? Ich vermute, Frau Merkel tut, was sie tut, weil sie ist, wie sie ist. Sie würde sicher auch mitfühlen, wenn sie keine Christin wäre. Wie ja viele anpacken, die Muslime sind. Oder Buddhisten oder Agnostiker oder Nichtsgläubige. Und andere – das ist nicht weniger wahr – keinen Finger rühren, ja, auf die Syrer und Iraker und Eritreer fluchen. Obwohl sie, die Flucher, einer Religionsgemeinschaft angehören oder sie, die Atheisten, von Menschenliebe schwafeln.

Dreht man den Satz um, stimmt er genauso: Natürlich überredete Hitler die meisten Deutschen – zu 95 Prozent Christen – nicht zu seinen Mordtaten, weil sie Christen waren. Sondern weil sie waren, wie sie waren: geschlagen von einem Autoritätskomplex, manipulierbar, schafsgehorsam, hungrig nach einem Erretter, selig, nicht mehr denken zu müssen.

In der Grundschule hatte ich gelernt, dass wir »nach Gottes Ebenbild« geschaffen wurden. Von Gott. Später, mitten im Leben, habe ich erfahren, dass viele dieser Ebenbilder als Verbrecher oder Schwerverbrecher von sich reden machten. Auch als Mörder oder Massenmörder. Auch christliche.

Nach »Gottes Ebenbild« geschaffen? Ist Gott also auch ein Mörder, ein Massenmörder? Steckt in seinen Genen auch das Mord-Gen? Freilich nicht. Denn den lieben und/oder fürchterlichen Gott haben wir nicht. Wir haben nur diesen celestialen Simsalabim, der die Menschheit seit Urzeiten schikaniert.

Was habe ich geschwitzt, um dieser Sucht nach dem Gotteswahn auf die Spur zu kommen. Auf fünf Kontinenten den Gottessüchtigen die uralte und gänzlich banale Frage gestellt, wie es sein kann, dass ein Alleskönner wie ihr Herrgott all diese Grausamkeiten zulässt. Und ihre ebenfalls gänzlich banale und absolut richtige Antwort lautete: »Es sind doch die Menschen, nicht Gott, die diese Schandtaten begehen.« Und schon waren sie – reflexartig – in die Falle getappt: wozu dann beten und buckeln und knien und wimmern und wippen, wenn die Menschen verantwortlich sind? Wäre es nicht klüger, sich vor diesen Monstern niederzuwerfen und sie anzuflehen, ihre Monstertaten einzustellen? Aber nein, so viel Verstand verträgt der Gottesfürchtige nicht. Sogleich rennt er wieder in eine Kirche, eine Moschee oder eine Synagoge und bettelt seinen zuständigen Herrn und Meister um Beistand an.

Ein konkretes Beispiel, eines zum Erbarmen für die menschliche Kreatur: Einem 85-jährigen (!) Priester, Abbé Jacques Hamel, wurde während der Messe von zwei blutjungen Terroristen die Kehle durchgeschnitten. Vor dem Tabernakel (!), im »Gotteshaus« (!), die Gläubigen waren live dabei. Die grausame Tat geschah nicht weit von Paris, das Verbrechen ging im Juli 2016 durch die Weltpresse. So weit das Böse.

Jetzt der Irrsinn: Sechs Tage später wurde der Mann beerdigt. Ein hilfsbereiter Mensch, hieß es. Und beim Trauergottesdienst lobten die Anwesenden – darunter gewiss einige, die in »Echtzeit« den Mord miterlebt hatten – »la miséricorde du Seigneur«. Nachdem ich das im Radio gehört hatte, musste ich mich erst fassen. Die Barmherzigkeit des Herrn, genau so. Religion, das hat etwas Unheimliches. Das grenzt an Irresein.

Kleines Nachwort: Dieses Kapitel habe ich in der Ukraine, in Lviv (früher: Lemberg) geschrieben. Eines Nachmittags besuchte ich aus reiner Neugier die griechisch-katholische Sankt-Georg-Kirche. Wie andere historische Gebäude der Stadt. Witzig das Piktogramm am Tor, das darauf verwies, dass der Besuch in Badehosen nicht gestattet ist.

Eine Gebetsstunde fand gerade statt, und der Vorbeter greinte alle ausdenkbaren Sünden rauf und runter. Und die Gläubigen greinten sie nach. In diesem Leierton, der an Untote in einer spinnwebenverhangenen Gruft erinnerte. Lauter Sünden, von denen der Herrgott sie lossprechen sollte. Wie in meinen Kindertagen, nichts hatte sich geändert: nicht der Weihrauch, nicht das Flennen, nicht die perfide Bosheit, dass Frauen und Männer grundsätzlich aus Sünden bestehen. Und sie deshalb täglich antreten müssen, um zu winseln. Um Vergebung. Was für ein erbärmliches Schauspiel.

Neben meiner Perplexität befällt mich in solchen Situationen noch ein anderes Gefühl, tatsächlich: Mitgefühl. Mit Leuten, die – meist wenig gebildet und mit geringen Chancen, sich zu bilden – vorgeführt werden. Wie Esel, vor deren Nase die Karotte Herrgott baumelt. Seit 2000 Jahren unerreichbar, rastlos hinterherhechelnd, lebenslang geschunden von der Übersünde, IHM nicht Genüge zu tun.

Würde ich nach einem Gott suchen, dann gewiss nach keinem, der mit Mühlsteinen und anderen Todesurteilen nach mir ausholt. Auch nach keinem rasend gewordenen Narzissten, der rund um die Uhr darauf besteht, ihn zu vergöttern und ihm – in allen vier Himmelsrichtungen – kolossale Paläste zu bauen, gewiss auch nie nach eincm, den ich jedes Mal um Verzeihung anheischen muss, weil ich wieder einmal eine Liebesnacht – unkeusch und unverheiratet – verbracht habe.

Nach dem Besuch der wimmernden Grabkammer bin ich ins *Masoch Café* gegangen. Schon auf dem Weg zum Tisch zischten ein paar Peitschenhiebe auf meinen Hintern. Verabreicht von lächelnden Serviererinnen, amüsantes Hallo für jeden Hereinkommenden. Die Bar soll an Leopold von Sacher-Masoch erinnern, der 1836 in Lemberg geboren wurde. Aufgrund seines literarischen Werks entstand nach seinem Tod der Begriff des Masochismus: Lust erleben, wenn man Schmerzen erfährt. Körperliche, seelische – egal. Wo immer es wehtut: Man jubelt. Großartige Metapher für die Szene in der Kirche. Leiden und Schluchzen als höchster Ausdruck von Wonnegefühl. Denn von glücklichen Erdenbewohnern will auch der hiesige Heilsbringer nichts wissen. Sein Verkaufsschlager heißt Schuld, und sein Markenzeichen – untrügliches Sinnbild der »Frohen Botschaft« – ist eine ans Kreuz genagelte Leiche.

Meine Augen flirrten durch die Bar. Und sie wurden fündig. Im stillen Eck saß ein Paar. Die junge Frau und der junge Kerl schmusten, hingegeben und wunderbar innig. Ach, ich konnte mich nicht sattsehen: Leben, Eros, Gegenwart. Ach, sie sind die Hoffnung der Welt.

Ein Moment im Leben –
Eine Frau, die weint

Stadtbus in Stuttgart. Fahrt von A nach B, Leute kamen, Leute gingen, ruhig glitt der Bus durch den Verkehr. Der Fahrer fiel mir auf, er war ausgesprochen freundlich, begrüßte alle, begrüßte manche Fahrgäste mit Namen. Seltsam, wie so ein wildfremder Mensch das Leben angenehmer machen kann.

Im Bus befanden sich einige Flüchtlinge. Mit ihren Rucksäcken, Taschen und den fremden, müden Gesichtern waren sie unverkennbar.

Kurz darauf stieg eine weitere Gruppe Asylbewerber zu, fünf, sechs. Und wieder begrüßte der Fahrer jeden und jede mit einem Lächeln, ja, fragte eine von ihnen, wo ihr Kind geblieben sei, denn beim letzten Mal sei sie doch mit einem Jungen eingestiegen. Das alles auf Schwäbisch-Englisch. Und alles ohne viriles Augenzwinkern, ohne Ironie, nur mit dem Ton von einem, der Anteil nimmt. Und die Frau – vielleicht dreißig – lächelte scheu und meinte, dass ihr Sohn beim Arzt sei. Und dankte ihm für die Nachfrage.

Dann ging sie nach hinten. Ich blieb in ihrer Nähe, diskret, und sah, wie ihr die Tränen kamen. Verhalten, aber sie kamen. Irgendwann verließ sie den Bus, allein, und ich folgte ihr. Weil ich wissen wollte, warum sie geweint hatte. Nach ein paar Metern sprach ich sie an. Und ohne zu überlegen, antwortete sie: »Because of the busdriver.« Weil er sie wiedererkannt und nachgefragt habe. Sie sei aus Aleppo über die Balkanroute nach Deutschland gekommen, und es tue ihr so gut, wenn ihr jemand ein warmes Wort schenke. Einen ganzen Tag würde es retten. Ach, fügte sie noch lächelnd hinzu, wäre es nicht wunderbar, wenn es mehr von solchen Busfahrer-Menschen gäbe?

SCHMERZ

Der Schmerz ist eine geheimnisvolle Begebenheit. Er kann das Leben zugrunde richten. Und er kann ihm eine Tiefe schenken, in die der Mensch sonst nie hineinsehen würde. Er kann vergehen, und er kann nie aufhören. Er ist eine der Türen, hinter der wir uns sehen: ohne Maske, ohne Ausflüchte. Ziemlich entblößt. Und ziemlich verlassen. Das hat er mit dem Sterben gemeinsam: Einer muss gehen, keiner kommt mit. Freude kann man teilen. Aber Schmerzen (und der Tod), die gehören jedem allein, nur ihr, nur ihm.

Schmerz hat alle Gesichter. Und nur zwei Gegenden, in denen er zuschlägt: im Körper und dort, wo wir die Seele vermuten. Manchmal in beiden. Manchmal zuerst im Leib, dann wandert er hinüber in die Psyche. Oder umgekehrt: Aus dem Herzeleid wird ein verwundeter Body.

Ich litt als Jugendlicher unter Atemnot, in den drängendsten Momenten musste ich mich hinlegen und nach Luft ringen. Dabei war ich kerngesund. Doch mein Herz drohte an Unglück zu ersticken. Und so fing alles in mir zu würgen an. War das Unglück weg, so viele Jahre danach, atmete ich wieder federleicht.

Die Medizin kennt unzählige Fälle, die davon berichten, wie das eine – das unsichtbare Organ – das andere, das vor der Welt sichtbare, entzündet. Wie irgendwann Kummermetastasen den Leib erreichen. Und er ebenfalls zu schwären beginnt.

Aber das soll nicht das Thema dieses Kapitels sein. Hier geht es um den skrupellosen Schmerz, der urplötzlich – via Gewalt oder Unfall oder Krankheit – den Menschen heimsucht. Und darum, was ein solches Desaster in ihm auslöst: Wie er Widerstandskräfte mobilisiert, um davonzukommen.

Wir alle haben wahre Wundermärchen von Frauen und Männern gehört, die eines Tages unter die Räder eines blindwütigen Zufalls schlitterten. Und als halbe Leichen liegen blieben. Und nach Monaten wieder auferstanden. Weil sie Glück hatten. Weil sie an einen formidablen Arzt gerieten. Weil ein unwiderruflicher Wille sie trieb. Und weil ein paar Freunde sie liebten und mithalfen – beim Wiederfinden eines gebrauchsfähigen Körpers.

Und wir kennen die Schilderungen von Malträtierten, die nie das Ziel erreichten. Weil kein Glück eingriff. Weil der Arzt überfordert war. Weil der Wille nicht reichte. Weil sie – obwohl geliebt – an einem Schicksal zerbrachen, das jeden Ausgang verbarrikadierte. Ja, sie kamen vielleicht mit dem nackten Leben davon. Und sie kehrten mit diesem zertrümmerten Leib – irgendwie funktionierend, irgendwie noch nicht tot – in die Welt zurück. Und sie wussten nicht mehr, was sie hier verloren hatten. So zerschunden und hilflos.

Ich will zuerst die leichte Kost anbieten, meine Geschichte. Wie fliegengewichtig im Vergleich zu der, die dann kommt.

Dennoch, sie riss mich in Zustände, von denen ich vorher nichts ahnte.

Noch einmal in Stichpunkten der bereits angedeutete Tatbestand: Ich knallte – mit Vollgas und Rad unterwegs – gegen den rechten Kotflügel des Autofahrers, der mir die Vorfahrt genommen hatte, und landete via Sturzflug neben dem linken Kotflügel, schon während der Flugsekunden überzeugt, dass ich bei Ankunft auf dem Kopfsteinpflaster einer Pariser Nebenstraße k. o. liegen bleiben würde. Mit einer ruinierten Wirbelsäule. Und/oder einem kaputtgegangenen Schädel. Und der Aussicht auf eine erledigte Zukunft.

Nein, es kam anders. Ein Fremder – nicht der Fahrer, der längst Gas gegeben hatte – streckte mir seine Hände entgegen und richtete mich auf. Und mit einem gestauchten Fahrrad und einem gestauchten Skelett tippelte ich nach Hause.

Drei Nächte später kam die Rechnung. Ich wachte auf und konnte mich nicht mehr bewegen. Hundert Eisennägel steckten in meinem Rücken, und durch das linke Knie jagte in raschen Intervallen ein stechender Schmerz. Was ich nicht wusste: Fünf Monate sollte der Weg durch das Fegefeuer dauern. Ich will ihn – aufs Notwendigste komprimiert – beschreiben.

Nagelneue Erfahrungen standen an: wie mit offenen Augen auf dem Futon liegen und nicht wissen, wie den Leib hochstemmen und ihn ins Bad befördern? Jede Regung löste den einen einzigen Alarm aus: Stillhalten! Wenn nicht, dann schossen Feuerkugeln in den nur Millimeter bewegten Körperteil.

Um zwei Uhr früh hatte ich unendlich viel Zeit, darüber nachzudenken, wie es jetzt weitergehen sollte. An Hilfe war nicht zu denken. Das Telefon befand sich im Arbeitszimmer. Und ich war allein. Ziemlich allein.

Ich schwebte nicht in Todesgefahr. Weit entfernt. Aber ich war in einer Situation, die mich überraschte und von der ich nicht wusste, ob und wie ich mit ihr fertigwerden würde.

Dutzende Versuche unternahm ich in dieser ersten Nacht, um meine 76 Kilo aus verwundeten Knochen und Muskeln zu überlisten. Damit sie nicht anfingen zu jaulen, wenn ich mich rührte. Geradezu witzig war die baldige (und falsche) Überzeugung, dass nichts zu machen sei. Dass ich nun daliegen und auf ein Wunder hoffen müsse.

Eben nicht. Nach hundert Tests in die verschiedensten Richtungen fanden mein Hirn und mein Leib – gewiss unter scheußlichen Zumutungen – eine Möglichkeit, mich gerade hinzustellen. Nicht kerzengerade, aber einigermaßen aufrecht, um die zehn Schritte zur Kloschüssel zu bewältigen. Frage niemand danach, was mir einfallen musste, um mich wieder flachzulegen.

Irgendwann, nach Nächten, fing ich an, die Stunden im Sitzen zu verbringen. Um den Weg nach oben bzw. unten zu verkürzen. Die vorhandenen Ibuprofen-Tabletten, hochdosiert, schlugen nicht an. Nutzlos wie Bonbons verschafften sie keine Linderung.

Nach einer Woche bestellte ich übers Netz eine Urinflasche, wie man sie in Krankenhäusern benutzt. Um mir den Weg zur Toilette zu sparen. Doch bisweilen zitterte ich so vor Schmerzen, dass ich danebenpisste. In die Matratze.

Ich war frei von jeder Scham. Der einzige Wunsch, der mich verfolgte, war die Sehnsucht nach einem funktionstüchtigen Leib. Ein Satz von Carlos Castaneda fiel mir ein: »Die grundlegende Differenz zwischen einem Durchschnittsmenschen und einem Krieger ist der, dass ein Krieger alles als Herausforderung begreift und der andere alles entweder als Segen oder Fluch versteht.«

Ich war kein Krieger, auch nicht im übertragenen Sinne, dennoch wäre ich nie auf die Idee gekommen, meinen Zustand als Fluch zu begreifen. Verflucht von wem? Nein, *dammit*, ich war – wie einfach – ein Pechvogel, der zur falschen Zeit an das falsche Auto geraten war. Deshalb überkam mich auch nie das Verlangen, nach Gott zu rufen und ihn um Hilfe zu bitten. Ja, zu beten. Was für eine abstruse Vorstellung. Warum sollte »ER« mir beistehen und die vielen anderen, bestimmt nicht Schlechteren, in die Hölle (der Unheilbarkeit) schicken? Wenn mir zu helfen war, dann hier auf Erden, dann auf ganz irdische Weise, sprich, von Ärzten, die begriffen, was mir widerfahren war. Und die wussten, wie damit umgehen.

Wie absurd: Trotz grausiger Nächte und Tage wartete ich über vier Wochen, bis ich eine Praxis aufsuchte. Wie jedermann war ich von dem Wahn besessen, alles würde »von selbst« gut.

Nichts wurde gut. Mittlerweise war ich nicht mehr imstande, mein linkes Bein zu belasten, das Knie blieb geschwollen. Und die linke Schulter begann zu glühen. Kurz darauf meldete sich die Hüfte. Beidseitig. Okay, noch ein Körperteil – der vierte – fiel schmerzvermint aus. Ich bekam den Eindruck, dass der Aufprall mein Skelett verschoben hatte und ich den Rest meiner Tage schief und krumm verbringen müsste.

Ich kaufte Dübel und Schrauben, um drei Haken in meinem Schlafzimmer zu montieren: um mich – mithilfe der rechten Hand – daran hochzuziehen. Das Unternehmen scheiterte, weil ich die Bohrmaschine nicht mehr halten konnte.

Dann kam der Tag, an dem ich aufgab. Ich ging los, immer tippelnd, und traf zwei Nieten, *deux docteurs*, die gelangweilt an mir herumfummelten und anschließend Pastillen verschrieben.

Ich fuhr nach Deutschland, und die ersten zwei »Fachärzte« röntgten mich, immerhin, und spendierten je eine Kortisonspritze. Was nichts in mir betäubte. Wie ein Hundertjähriger ging ich davon. Da ich aber kein Greis war, schlurfte ich wie einer mit vollen Hosen über den Bürgersteig. So winzig waren meine Schritte, so bedächtig.

Zu dieser Zeit übernachtete ich bei meiner Freundin. Bei ihr kroch ich zum Bad, in die Dusche. Um mir das Sitzen auf der Kloschüssel zu ersparen. War es unumgänglich, half sie mit.

Ließ die Pein keinen Schlaf zu, ratterte es in meinem Kopf, angetrieben von tausend Durcheinander-Gedanken. Dennoch war ich ungebrochen davon überzeugt, dass ich geheilt werden würde. Zugleich dachte ich an Selbstmord. Gewiss nicht wegen der aktuellen Situation. Nein, die Idee begleitet mich seit Jahrzehnten. Und beruhigt mich. Immer. Weil ein dahinvegetierendes Leben – wie jetzt gerade – nicht infrage kam: auf dem Boden kriechen und schreien vor Wut auf den von Qual und Unfreiheit gedemütigten Körper. *Never.* Dass ich lebe, hat mich nie interessiert. *Wie* ich lebe, war allein maßgeblich. Nichts, absolut nichts, auch nicht die Liebe eines Menschen, könnte mich trösten über den Verlust eines Lebens, in dem nur noch die Krankheit mich kommandiert. Und ich nicht mehr Geher und Entdecker und Reisender sein darf. Nicht mehr Liebhaber.

Eine Freundin vermittelte mir einen fünften Doktor, einen Facharzt mit Titel plus Ausbildung in alternativen Heilmethoden. Ein Wunderheiler, hieß es. Ich fuhr in den

Süden der Republik, und da saß einer, der zuhörte, der bedächtig mein Wrack untersuchte und abtastete, der Fragen stellte, mich zum Röntgen und in eine MRT-Röhre schickte, der ausführlich den Befund dechiffrierte und einen Rettungsplan aufstellte. Erfreulich, dass der Mann nicht als Marktschreier auftrat, nein, er verwies auf die Komplexität der Situation, meinte, dass die Bilder nicht eindeutig die fürchterlichen Schmerzen rechtfertigten. Ich hatte keinen Bandscheibenvorfall, die »Abnutzungserscheinungen« an meiner Wirbelsäule waren eher unauffällig, ein bisschen Arthrose im Knie (die selbstverständlich nicht vom Sturz herrührte), doch nichts war gebrochen, sprich, noch sei keine präzise Diagnose möglich, noch waren die Folgen des Unfalls nicht abzuschätzen. Und er warnte mich: dass es lange dauern würde, bis die Marter ein Ende hätte. Und dass ich mindestens einen Monat vor Ort bleiben müsse. Um jeden zweiten Tag in der Praxis anzutanzen.

Die liebe Freundin überließ mir ihre Zweitwohnung, fuhr mich hin und her, half beim Tragen, half beim Fortbewegen. Jede Hilfestellung war ein Liebesdienst. Im Sommer 2015, in dem die Stadt zwischen fünfunddreißig und vierzig Grad kochte. Die Behandlung begann: Akupunktur-Nadeln ins Ohr, in den Schädel, ins Knie, nach zwanzig Minuten Nadeln raus, dann Spritzen in die Lenden, in den Hals, in die Schulterblätter, um per Neuraltherapie Entzündungen und Pein einzudämmen. Dann ab zur Physiotherapeutin. Die ich nach dem dritten Mal nicht mehr aufsuchte. Mein Körper streikte, selbst die sanfteste Massage ließ ihn zusammenzucken. Jeder hat ein Maß an Qual, das er hinnehmen kann. Das meine war randvoll.

Die geschluckten Tabletten erreichten nie meine Nervenspitzen. Gegen die verabreichte Chemie schienen sie immun zu sein. Ich kam mir vor wie ein LSD-Junkie, der auf einen Horrortrip geraten war und glaubte, nicht mehr davon herunterzukommen. Mein Horror waren die Schmerzen, und meine Einbildung war der Wahn, dass sie mich nicht verlassen würden.

Wurde ich demütig? Nein, aber ich begriff, wie begehrenswert ein Leben ist, in dem man über einen stillen, folgsamen Körper verfügt.

Irgendwann musste ich doch operiert werden. Alles verlief reibungslos, aber nach Tagen begannen Beschwerden, die doch verschwinden hätten sollen und von denen ich nicht sagen konnte, ob sie mir barbarischer zusetzten als die bereits vorhandenen. Jeder Schmerz wollte der gemeinste sein. Erstaunlich, welche Folgen ein »Augenblicksversagen« – so der zuständige Rechtsbegriff – nach sich zog: Wie mein Leib Tag für Tag und Nacht für Nacht geschunden wurde, weil ein (feiger) Autofahrer für den Bruchteil einer Sekunde nicht konzentriert gewesen war. Dabei kann ich von Glück reden. Ich hätte auch als Leiche oder Querschnittgelähmter liegen bleiben können.

Ein dritter guter Geist schritt ein. Eine befreundete Ärztin, die von meinem Elend gehört hatte. Ich humpelte mit ihr und Krücken in eine Apotheke. Und sie zückte ihren Ausweis – Zeichen souveräner Autorität –, und die Apothekerin brachte genau das, was man ihr auftrug.

Im nächsten Hauseingang – die Szene hätte wohl jeder missverstanden – spritzte mir die Frau Doktor eine Ladung Twinrix in den linken Oberarm, den Impfstoff gegen Hepatitis A und B (mein Schutz war abgelaufen), und rückte die Paradies-Pillen heraus. Und ich schluckte zwei sofort, erst dann las ich die Packungshinweise, ah, viel Opium steckte in ihnen, und vor Suchtgefahr und (baldigen) Wahnideen wurde gewarnt. Wie pyramidal egal mir das war, ja, mit welcher Begeisterung ich sie alle an mich nahm.

Anschließend gingen wir in ein Café, und nach einer knappen halben Stunde: kein gefolterter Körper mehr. Ach, es gab ihn noch, diesen Zustand der Schwerelosigkeit. Ach, die Schulter, der Rücken, das Knie, die Hüfte, wie angegossen und brandneu fühlten sie sich an. Ich lachte hysterisch, aus schierer Seligkeit.

Jeder weiß, dass Drogen auf Dauer kein Malheur aus der Welt schaffen. Sie aber – wenige wissen das – durchaus taugen, um an einer Herausforderung nicht zu zerbrechen.

Ich zerbrach nicht, ich wurde auch nicht irre, ich heilte. Weil viele sich um mich kümmerten. Die Ärzte, meine Freunde, ich. Und mein Glück. Ich kehrte nicht in meinen früheren, sprich, unverletzten Körper zurück, sondern in meinen früheren, der die Erfahrung von 153 knallharten Tagen abgespeichert hatte. Wir beide, er und ich, hatten einmal mehr vom Baum der Erkenntnis gegessen. Ein feierliches Gefühl überkam mich, nachdem ich irgendwann den Zustand der Leichtigkeit wiedergefunden hatte. Nun ohne Spritzen, ohne Betäubungsmittel, ohne Schlaftabletten, ohne alles. Das Geschenk Leben, ich hatte es wieder. Noch fassungsloser über das Wunder, noch dankbarer.

Jetzt kommt die Geschichte von einem, dem kein Glück zu Hilfe kam. Sie steht geschrieben auf einer dunkelschwarzen Seite. Wer sie aufschlägt, wird sie wortlos und stumm beenden.

Es war ein Sommertag in Kabul. Noch war die Stadt frei, aber Monate später würden die Taliban – nur fünfzehn Kilometer entfernt – einziehen und ihr Reich der Finsternis installieren. Ich war dort, um als Reporter über den Status quo in Afghanistan zu berichten.

Bürgerkrieg herrschte. Um die Macht im Land. 22 Millionen Quadratmeter waren inzwischen vermint, allein in der Hauptstadt. Täglich passierten bis zu 25 *mine accidents*: Jedes Mal flog ein Mensch in die Luft, und Sekunden später blieb er tot oder mehr oder weniger zerstückelt liegen.

Ich verbrachte einen Tag im Karte Seh Hospital, dem größten Krankenhaus der Stadt, mit 500 Betten und knapp 200 Ärzten und Pflegekräften. Finanziert vom Internationalen Roten Kreuz. Die Spezialität des Hauses: »Kriegschirurgie«. Vollbeschäftigung für alle, da alle Tage Katastrophentage. Oberschwester Marzia führte mich herum. Hinein in die Kinderabteilung. Mitten in die Abgründe menschlicher Einsamkeit. Das besondere Kennzeichen der hier Gestrandeten: ein Stumpf. Oder zwei. Oder drei.

Vorbei an Basry, die Zehnjährige war mit ihrer Ziege spazieren gegangen. Bis die Ziege umfiel, und Basrys linker Fuß davonflog. Eine Koje weiter lag Jamiza, zwölf, sie hatte eine Blechdose für eine (harmlose) Blechdose gehalten. Der Irrtum kostete sie beide Beine und den Verstand. Die nächsten zwei Stümpfe gehörten Rachmat, neun, er war versehentlich auf eine Granate getreten. Hinter Rachmat verkümmerten Hakima, Leila, Ahmad, Wahidila und 23 andere. Jeder mit lebenslänglichen Wunden.

Der vierzehnjährige Amir wurde ausgewickelt, zum ersten Mal lag er ohne Verband da. Und ein Schrei entkam der umstehenden Familie: Der Kleine sah aus wie ein von Narben und Schorf überwuchertes Schuppentier. Erinnerung an mehr als hundert Splitter, die eine Woche zuvor in seinen Körper gerast waren.

Nicht genug. Ein bestialischer Geruch zog durch den Raum. Ein paar Schritte von Amir entfernt, führte die achtzehnjährige Nadara einen letzten aussichtslosen Kampf. Sie bot den ungeheuren Anblick eines zu 95 Prozent verbrannten Menschen. Die schwarz verkohlte Haut, ihre Augen, die als rote Fleischbatzen auf den Wangen lagen, die fiebrigen Töne aus ihrem Mund. Morphium betäubte die Schmerzen. Die junge Frau hatte mit Dynamit gezündelt, aus Ignoranz. Ihr Bruder Hafiz stand murmelnd neben ihr. »Betest du?«, fragte ich leise. »Ja, damit sie sterben darf.«

Der »Höhepunkt« des Vormittags kam um halb zwölf. Eine Ambulanz fuhr in den Hof, die beiden Brüder Jed, fünfzehn, und Hamid, vierzehn, wurden eingeliefert. Auf rollenden Bahren, bewusstlos und unter Schock, Arme und Beine in blutgetränkten Verbänden. Gedankenlose Helden, die versucht hatten, einen Blindgänger wegzuräumen. Ich stellte mich zu ihnen und redete auf sie ein. Von dem seltsamen Glauben getrieben, dass eine Stimme beruhigend auf sie wirken würde. Über zwei Stunden mussten wir warten, denn die Chirurgen waren beschäftigt. Mit anderen Notfällen.

Um 13.45 Uhr wurden Jed und Hamid in den Operationstrakt geschoben. Ich durfte mit hinein, ohne desinfiziert zu werden. Das hier war ein Lazarett mit vier Wänden, keine Universitätsklinik.

Bereits vor langer Zeit habe ich mir geschworen, dass ich hinschaue. Überall. Nie wegblicke. Immer beflügelt von der Sucht, alles zu erfahren, was das Leben zu bieten hat: an Glückseligkeiten und schwarzen Löchern. Das Wenige, was ich den zwei Schwerverletzten in diesem Augenblick geben konnte, war, dazubleiben und auszuhalten: die unfassbare Zumutung, dass man schon als junger Mensch in der Hölle ankommen kann.

Hamid würde wohl seine Glieder behalten, obwohl sein nackter Körper wie eine zerschossene Häuserwand aussah.

Eine unschlagbare Parabel über die Blindwütigkeit des Zufalls wurde offenbar: Der eine – im Moment des Verhängnisses nur einen Fußbreit vom anderen entfernt und so schuldig oder schuldlos wie er – wird nach gewisser Zeit das Unheil (fast) spurlos überwinden. Nicht der andere. Nicht Jed, den sie ebenfalls röntgten. Und dann loslegten: Zwei Ärzte säbelten die Reste der beiden Unterarme ab, dann sägte einer die zerschmetterte rechte Kniescheibe weg, und der Kollege schabte die zerfetzte Haut von der linken Fußsohle. Zuletzt inspizierten sie den von Brandlöchern übersäten Hintern und suchten mit Blick auf die Röntgenbilder nach den gröbsten Einschlägen. Es eilte. Hier arbeiteten sie nach dem Prinzip Überleben. Schönheitschirurgie fand nicht statt. Knochen und Menschenfleisch waren inzwischen im großen Abfalleimer gelandet.

Jed würde bald verstehen, was es hieß, ohne Arme zu leben. Für solche Körperteile gab es in diesem Land keine Prothesen, das Geld reichte kaum für den Ersatz abhandengekommener Beine.

Am folgenden Abend kam seine Familie, sie musste erst ausfindig gemacht werden. Armer Leute Sohn, armer Leute sechster Sohn, dessen Schicksal im Augenblick der Explosion beschlossene Sache war, unwiderruflich. Jed würde es ergehen wie allen anderen, die so aussahen und so ärmlich daherkamen wie er: in nicht ferner Zukunft an einer Straßenkreuzung stehen, den Rest seiner beiden Arme in die Luft strecken und das eine Bein herzeigen, das knielose. Damit jeder sofort wusste, zu welchem Zweck der Junge hier aufgestellt worden war: als Opferstock. Und irgendwann würde er durch die billigen Restaurants ziehen und vor den teuren warten. Und mit einem der Stümpfe auf seine Jackentasche deuten. Denn da hinein sollte das Almosen.

Sieben Jahre später kam ich zurück nach Kabul. Die Taliban, die zwischenzeitlich die Hauptstadt erobert hatten, waren wieder vertrieben worden. Über Umwege erfuhr ich, wo Jed »arbeitete«. Und ich fand ihn. Durch das Fenster eines Taxis – keine zehn Meter entfernt – sah ich ihn dastehen. Um eine halbe Ewigkeit gealtert. Nur an seinen Wundmalen erkannte ich ihn. Abwesend, fast tonlos, leierte er ein paar Suren. Wie unter Drogen. Sicher unter Drogen. Einmal blickte er direkt in meine Richtung. Ohne mich wahrzunehmen. Keine Reaktion, seine vollkommen gleichgültigen Augen in der staubigen Mittagshitze. Kam jemand in seine Nähe, dann hob er seine beiden Stümpfe: Schau her, ich bin Krüppel! Gab ein Mensch Geld, huschte kein Schatten von Freude über Jeds Gesicht. Der 22-Jährige war tot, herztot. Nur sein verwüsteter Körper bewegte sich noch.

Ich saß im Fond und rührte mich nicht, signalisierte diskret dem Fahrer, den Motor abzuschalten. Eine Stunde lang überlegte ich, Jed anzusprechen. Aber ich konnte nicht. Ich war unfähig, sein Leid zu ertragen. Was ihm anbieten? Welche Sätze sagen zu einem, der zu einem solchen Leben verurteilt war? Ich begriff, dass es ein Unglück gab, das für immer untröstlich blieb. Kein Wort wäre grandios genug, um es damit aufzunehmen.

Ich fuhr weg. Ich schlich davon.

HEIMAT

Das ist ein wunderschönes Wort. Und schwerst aufgeladen mit Gefühlen. Vielleicht kann mit ihr nur noch das Zauberding Liebe mithalten. Auch sie löst tausend Sehnsüchte aus.

Selbst wenn Leute tot sind, wollen sie als Leiche vom anderen Ende der Welt zurückfliegen. Um in »heimatlicher Erde« ihre Ruhestätte zu finden. Oder am besten rechtzeitig als Sterbender dort ankommen. Um das entscheidende Stündlein vor Ort zu verbringen. Ihre letzten Kräfte geben sie dafür her, ihr letztes Geld.

Seltsam, diese Heimatliebe. Meine Mutter wollte sogar in dem Grab vermodern, in dem bereits der Mann lag, der sie vierzig Jahre lang gedemütigt hatte. Erklär mir, unergründliches Menschenherz: nicht loslassen können, auch nicht von einem Grund und Boden, in den so viele Tränen flossen.

Über 85 Prozent der Deutschen leben und sterben dort, wo sie geboren wurden. Oder in naher Umgebung. Dabei sind wir doch alle, heißt es, »moderne Nomaden«. Sprüche?

Warum tun die vielen das, dort leben? Aus Komfortsucht?

Aus Lust an der Unbeweglichkeit? Aus Geldnot? Aus Angst, nochmals von vorn anfangen und neue Arbeit und neue Freunde suchen zu müssen? Oder weil sie lieber vernagelt bleiben und nichts von der großen weiten Welt wissen wollen?

Oder aus beispielloser Verbundenheit? Weil Heimat ein magisches Wort ist? Ein magischer Ort? Weil spirituelle Motive ihnen keine Wahl lassen? Weil ihr Herz nur dort atmen kann? Weil die Heimat sie an etwas erinnert, von dem sie sich – unvorstellbar – lossagen könnten? All diese Gründe – die einen wie die anderen – sind mir fremd.

Fast jeder zweite Deutsche wünscht sich eine »Auszeit«: weg vom Beruf und abhauen in ein anderes Leben. Warum sollte es bei der Heimat anders sein? Vertrautheit ist eine feine Sache, aber irgendwann muss das Unvertraute her, das Neue, dann will man Leute sehen und Stimmen hören und Gefühle erfahren, die überraschen.

Ich wurde zu einem Treffen ehemaliger Volksschulkameraden eingeladen. In Altötting. Das ich seit Jahrzehnten nicht mehr betreten hatte. Aus purem Ekel. Aber die Neugier, die unbedingt wissen wollte, was aus den Mitschülern geworden war, die trieb mich hin.

Ich öffnete die Tür zum Wirtshaus, und über dreißig Mordsdicke saßen da, mit schwer vom Wohlstand gezeichneten Gesichtern und Körpern. Und fast alle, so würde sich schnell herausstellen, lebten noch immer in diesem Kaff. Oder ein paar Kilometer entfernt. Einer allerdings war bis nach Australien ausgerissen. Der Rudi, den ich bereits damals – mit Wohlwollen – als aufmüpfig kennengelernt hatte. Und der andere Rudi war tot, er hatte sich mit dem Föhn in der Badewanne das Leben genommen. Nein, nicht wegen Altötting, sondern wegen einer Frau.

Ich war ganz Ohr, aber das änderte nichts daran, dass ich mich bald fadisierte. Zugegeben, ich bin blasiert, ich will belebt, will erregt werden, will Geschichten erzählt bekommen, die ich nicht schon gehört, zu oft gehört habe. Klar, sie alle waren das »Produkt« dieses Orts. Wie kann sich hier jemand ein schwungvolles Dasein ertrotzen, wenn er täglich von Kirchenglockengebimmel und 12 000 Leichen umzingelt wird? Ich wäre auch so drall und selbstzufrieden aufgetreten, wenn mich mein Vater nicht in die Flucht geschlagen hätte.

Jede Heimat – ob morbide oder mitreißend – färbt auf ihre Bewohner ab. Hier hieß die Farbe Geistlosigkeit. Dass vor langer Zeit das einzige Kino schließen musste, wen sollte es wundern? Nach einer Stunde war ich erschöpft, mürbe gemacht von braven Sätzen und braven Gedanken. Ich schob einen Gang zur Toilette vor, schlich heimlich auf den Parkplatz und schoss Richtung Paris.

Wäre ich Lifestyle Coach, ich würde nur ein Fach unterrichten: *CUT!* Ein scharfes englisches Wort, das man mit hundert Wörtern übersetzen kann wie: Aufhören! Schluss machen! Davonrennen! Vergangenheit kappen! Einsehen und Konsequenzen ziehen! Zaudern lassen! Furcht besiegen!

Am letzten Tag jedes Seminars würde ich mich vor das Publikum knien und es anflehen, es sich noch einmal zu überlegen: entweder als Angsthäschen zu enden oder zu handeln. Das wäre, in etwa da entlangzugehen, wo man sich sein Leben vorstellt und: Nicht in einer Kompromissstadt verwelken! Nicht in einer Kompromissliebe ausharren! Keine Kompromissfreunde treffen! Keinen Kompromissberuf aussitzen! Und kein Kompromissleben durchstehen! Alles in allem: Sich auflehnen!

Sagenhaft anstrengend. Helfen könnte, Frauen und Männer zu beobachten, die es vormachen. Schon als junger Kerl habe ich nach Vorbildern gesucht, die mich anstachelten. Damit die Stimmen im Kopf aufhörten, die mich wütend daran erinnerten, dass etwas, nein, vieles in dieser Heimat nicht stimmte. Zugegeben, ich hatte Glück, denn alles wurde unerträglich. So unhaltbar, dass kein Kompromiss mehr möglich war. Und ich davonlief, allem und allen.

Der römische Dichter Ovid wurde von seinem Kaiser, dem scheinheilig-frömmelnden Augustus, wegen seiner »Liebeskunst«-Gedichte in die Verbannung geschickt. Von Rom in ein Moskito-verseuchtes Nest am Schwarzen Meer. In dem Fall versteht man, dass der 65-Jährige lieber nicht umgezogen wäre. Von einer Weltstadt in eine Quetsche auswandern müssen, da entsteht keine Vorfreude auf Überraschung und Swing. Noch dazu, wenn eines der drei Hauptthemen in Ovids berühmter Sammlung lautete: »Wo kann ein Mann in Rom ein Mädchen kennenlernen?«

Heimatwechsel, gewiss. Aber das muss sich wie eine Gehaltserhöhung anfühlen. Der neue Ort muss mehr bieten als der, den man loswerden will. Sonst bleibt man besser hocken. Und lauert – auf eine nächste Chance.

Ende der Fünfzigerjahre des vergangenen Jahrhunderts lief im Fernsehen der erste Straßenfeger der Bundesrepublik, ein Sechsteiler, *So weit die Füße tragen*. Eine Odyssee nach (oft) wahren Begebenheiten: Ein deutscher Soldat entflieht 1949 einem russischen Arbeitslager in Ostsibirien und erreicht nach über vierzig Monaten – unter abenteuerlichsten Umständen – seine Heimat, München. Wo seine Familie wohnte. Doch die Strapazen hatten ihn ruiniert, an Leib und Seele.

Wie sagte es der französische Dichter Stéphane Mallarmé? »Hütet euch vor den Träumen, die in Erfüllung gehen.«

Natürlich gibt es Gründe, warum man seine Heimat nie und nimmer aufgeben will. Keine billigen wie träge Sesshaftigkeit, wie radikales Desinteresse an der Welt. Nein, hier zählen Impulse, die tief in das Herz eines Menschen reichen, ja, die ihn auf existenzielle Weise an den einen Fleck Erde fesseln. Gründe, die den Sinn eines Menschenlebens ausmachen.

Einen Teil dieses Kapitels habe ich in Kiew geschrieben, und dort erfuhr ich eine erstaunliche Tatsache. Von Yegor, einem Ukrainer, den ich in der Halle meines Hotels kennengelernt hatte: Seine Mutter – wie Hunderte andere auch – kehrte nach der Reaktorkatastrophe von Tschernobyl (26. April 1986) in das verseuchte Gebiet zurück. Bereits nach Monaten. Obwohl ihr nach der Evakuierung eine Unterkunft in der Hauptstadt angeboten worden war. Rückkehr trotz Verbot, trotz Verwüstung, trotz Verstrahlung. Weil sich seine Mutter, so erzählte es der Sohn, in der neuen Umgebung heimatlos gefühlt hatte. Die gesundheitlichen Risiken bedrückten die damals 54-Jährige weniger als der Stress in der nur eine Fahrstunde entfernten »Fremde«.

Unbedingte Liebe rührt mich immer an. Ich beneide jeden, der bedingungslos liebt. Wie Dirk, den Bauer, mit dem ich so lange schon befreundet bin. Der steht seit Jahrzehnten jeden Tag um fünf Uhr auf und macht den Buckel krumm. Für seine Viecher und sein Land. Und antwortet jedes Mal mit Nein, wenn jemand mit einem dicken Geldsack vorbeikommt und ihm das Paradies abkaufen will. Jeder Sack würde für hundert Jahre sorgloses Leben genügen. »Aber ich will nicht Hundert-Millionen-Millionär sein«, meinte Dirk einmal. Und nahm mich mit, entlang der Wiesen, über denen gerade ein leichter Abendnebel schwebte. Eine Dämmerung wie in einem Märchen von E. T. A. Hoffmann. Kobolde hätten vorbeihüpfen können, so romantisch war es in Dirks Weltreich, so verschwiegen geheimnisvoll. Und ein Bach sprudelte, zwischen Bäumen links und rechts, und ein Reh schaute von einer Lichtung herüber.

Wir setzten uns. Der Bauer zog ein bisschen Gras aus der Jackentasche und drehte geduldig zwei Joints. Wir rauchten, und bisweilen hörte man ein Geräusch, ein paar Schritte entfernt, in den Büschen. Ach, die Kobolde.

Staunenswerter Freund. Weil er wusste, wo er hingehörte. Und ich bewunderte ihn. Weil er nicht käuflich war. Unheimlich, was Natur aus einem Menschen machen kann: einen wie den Bauer Dirk, sagenhaft geerdet, mit sich einverstanden.

In Australien traf ich Mister Lee, Jeffrey Lee. Einen Aborigine, der – ich erfuhr davon aus der Presse – die unfassbare Summe von umgerechnet dreieinhalb Milliarden Euro ausgeschlagen hatte. Angeboten vom französischen Industriekonzern Areva, der auf Lees Besitz nach Uran graben wollte. Nach 14 000 Tonnen.

Lee war der letzte Überlebende des Djok Clans und somit Inhaber eines Stücks Land, über das allein er verfügte. Da unter der Sonne wohl nur zehn Personen existieren, die einen solchen Betrag ausschlagen, musste ich den Mann treffen.

Ich fand den Scheuen vor seinem flachen Holzbungalow, mitten im Kakadu-Nationalpark, wo er als Ranger und Naturschützer arbeitete. Wir hatten ein langes, heiteres Gespräch, in dem es auch um Brautschau ging. Denn als Einziger vom Stamm sei er, scheu redete der 36-Jährige darüber, ein bisschen einsam geworden. Und eine Frau sei nun – trotz arger Freiheitsliebe – willkommen.

Jeffrey gehört – wie der elftausend Kilometer entfernt lebende Dirk – zur Rasse jener, die sich von der weltweiten

Gier nicht überwältigen lassen. Hier, sagt er, liegen die Gräber seiner Eltern und Vorfahren. »Ich bin nicht daran interessiert, was die Weißen mir bieten. Es bedeutet mir nichts. Ich bin hier aufgewachsen, meine Großmutter hat mich auf ihren Schultern über das Land getragen und mir die Geschichten unseres Volks erzählt.«

Schon seinem Vater und Großvater wurden »big cars and big houses« versprochen, aber niemand informierte sie über die Gefahren des Minerals und die Schäden, die es anrichten kann. Auch das sei, meint er, einer der Gründe, um den Deal kategorisch abzulehnen.

»Wer uns Aborigines verstehen will, muss begreifen, dass wir untrennbar mit unserer Erde verbunden sind. Dass wir dafür sorgen, dass ihr nichts geschieht, sie bewahren wollen für künftige Generationen.« Jeffrey redete ganz trocken, ohne Ausrufezeichen, blickte mehrmals auf die Umgebung, deren vollkommene Anmut ihm mit jedem Wort recht gab.

Ich zeigte ihm Bilder von Niger (Screenshots aus dem Netz), wo Areva seit Jahren aggressiv nach Uran sucht, zeigte ihm die Fotos von den gigantischen Löchern in der Wüste, in die der Konzern – unter freiem Himmel – das verseuchte Schutt-Geröll-Gemisch ablädt, las ihm einen Bericht von Greenpeace vor, der die katastrophalen Umweltschäden auflistete.

Jeffrey lächelte, er war längst informiert. Zum Abschied schenkte er mir den poetischen Satz: »The world is not for sale.« Schön wär's.

Auf nach Palästina. In Jenin, im Norden des Gebiets, traf ich Kadir, der gerade dabei war, sein Haus wieder aufzubauen, das ihm ein israelischer Militärbulldozer eine Woche zuvor zertrümmert hatte. Weil Israel den Palästinensern ihr Land stehlen will (und einen großen Teil davon bereits gestohlen hat), dürfen die Einwohner in ihrem eigenen Land keine Häuser bauen. Das hört sich aberwitzig an, ist aber aberwitzig wahr.

Kadir war ein moderner Mann. Von heiligen Kriegen wollte er nichts wissen, er argumentierte politisch: Das Land, auf dem er lebte, war dem palästinensischen Volk 1947 in einer UNO-Resolution mit überwältigender Mehrheit zugesprochen worden. Der Häuserabbruch war – wie die vorangegangen 20 000 Demolierungsaktionen – gemäß den Statuten der UNO »völkerrechtswidrig«, laut den allgemein gültigen Menschenrechten ein Verbrechen. Siehe Artikel 12: »Niemand darf willkürlichen Eingriffen in (…) seiner Wohnung (…) ausgesetzt werden.«

Kadirs Kampf um seine paar Quadratmeter hat eine andere Gewichtung. Natürlich geht es hier ebenfalls um Raffsucht, um Raffsucht nach Land, und natürlich will er sein Eigentum behalten. Aber seine Gegenwehr und die aller anderen hunderttausend Bedrohten speist sich vor allem aus dem unbedingten Willen, die eigene Würde und die seiner Familie zu retten, ja, mit allen Mitteln – auch unter Einsatz des Lebens – den Besatzer Israel am Raub der Heimat zu hindern.

Der dritte Grund war denkbar banal: Die Kadirs wohnten in bescheidenen Umständen. Sein Haus, nein, sein Ex-Haus, war eine vermörtelte Steinhütte mit drei Zimmern. Es gab keine Ersparnisse. Wie also umziehen? Gar in ein fremdes Land? Mit welchem Pass? »Das hier«, sagte Kadir und zeigte auf den Trümmerhaufen, »ist meine Heimat. Und alles, was ich habe.«

Tage später traf ich Leevi. Ex-Amerikaner mit Kippa, Schläfenlocken, die Uzi-Maschinenpistole am Rücken baumelnd. Der orthodoxe Jude gehörte zu den inzwischen über

600 000 Siedlern, die – gegen jedes internationale Recht – palästinensischen Boden in Beschlag genommen hatten. Via Vertreibung, via Brutalität, via Totschießen.

Leevi lief mir in einem Supermarkt in Ariel über den Weg, einer der größten Siedlungen mit über 18 000 (ausschließlich) jüdischen Einwohnern. Ich war vorsichtig, als ich ihn ansprach. Die Kolonisten bersten vor Abscheu auf die Araber. So fragte ich ihn, wie er sich die Zukunft der Juden in Palästina vorstelle. Die falsche Frage, wie ich sofort belehrt wurde. Ariel liege in Samaria. Und weiter südlich beginne Judäa. Leevi benutzte die geografischen Bezeichnungen aus der Bibel. Der übliche Trick, um das berüchtigte P-Wort nicht auszusprechen.

Die Unterhaltung dauerte, und ich wusste wieder, noch mittendrin, dass Diskussionen mit Fanatikern der Gesundheit schaden. Der körperlichen wie der seelischen. Am meisten jedoch schmerzte das Hirn, denn die Zumutungen der Idiotie prasselten wie Keulenschläge auf meine Schädeldecke.

Zwei Perlen aus dem Wortschwall des »Auserwählten« (so sagte er) sollen genügen. Sie reichen für zweimal K. o.: »Als Gott die Welt schuf, hat er in Israel sein Hauptquartier aufgeschlagen«, und – jetzt kommt der Ursatz, die Quelle allen hiesigen Wahnsinns: »Gott hat seinem Volk Israel das Land geschenkt.« Verstanden, *Gespräch tot, Geist tot, Feind tot! Alles ist unser, danke, Jahwe!*

Man sieht, Heimat kann auch etwas Angemaßtes sein. Etwas Geraubtes. Etwas, was einmal das Eigentum eines anderen war. Und das man sich unter den Nagel riss. Und wenn man dafür killen, ins Gefängnis schleppen oder niederwalzen musste. Denn ein schrecklicher Gott – vor langer Zeit fantasiert – hatte gesprochen, und seine erfinderischen

Götzendiener haben das Schreckliche Wirklichkeit werden lassen.

PS: Viele Israelis äußern sich vehement gegen die Siedlungspolitik ihrer Regierung. Darunter auch (moderat) Religiöse. Aber wie so oft lässt sich Gier von Vernunft nicht besänftigen. So einfach könnte es sein: Israel soll die Heimat der Juden und Palästina die Bleibe der Palästinenser sein. Und Frieden und Respekt sollten sein zwischen den beiden Völkern. Aber das geht nicht, weil Geisteskranke – hienieden und hoch droben – den Hass schüren.

Nachdem ich Ariel verlassen hatte, fiel mir Altötting ein. Ein Geschenk des katholischen Herrgotts an die Katholen? Nein, eher ein Furz des Teufels. Schon erstaunlich, wie verschieden Menschen mit ihrer Heimat umgehen. Wie die einen aus schierer Lethargie dort verwittern. Und die anderen – woanders – sie lieben und behüten, ja, auf so vieles verzichten, um sie zu behalten. Wieder andere alles wagen, um aus ihr nicht vertrieben zu werden. Und die Letzten, die Fanatischen, die Heimatverliebten verjagen.

Und ich – ich gehöre zur allerletzten Gruppe – rannte schreiend, wörtlich, aus meiner Geburtsstadt davon. Um nach Stationen auf drei Kontinenten da anzukommen, von wo ich nicht mehr weg will: Paris. Und sollte mich tatsächlich jemand fragen, warum ausgerechnet dort meine Heimat sein soll, dann wäre meine Antwort ganz schlicht: aus Liebe. Zur Schönheit. Zum Flair einer Weltstadt. Zum Klang französischer Wörter. Wie wunderlich absurd das aus dem Mund eines Mannes klingt, der schwerst verliebt in die deutsche Sprache ist. Auch eine Heimat. Und was für eine.

Ein Nachwort für dieses Kapitel muss noch dastehen. Denn so, wie es Raubritter gibt, die andere um ihr Hab und Gut erleichtern, sprich, sie von ihrer Erde verscheuchen, so gibt es Länder, die anderen eine Heimat schenken. Amerika hat das jahrhundertelang vorbildlich getan, auch Frankreich und England können sich sehen lassen. Klar, nachdem sie eine Ewigkeit auf anderer Leute Erdteilen gewildert haben.

Und plötzlich standen die Deutschen im Rampenlicht: Über eine Million Frauen, Kinder und Männer ließen sie ab Sommer 2015 in ihr Land. Weil die Heimat der Flüchtlinge inzwischen zu einem Schrotthaufen verkommen war. Überfallen und kaputt gebombt von blutrünstigen Monstern.

Dieser Akt von Generosität tut uns gut. Uns, die wir – auf Befehl eines unbegabten Kunstmalers – einst Abermillionen Menschen um ihr Leben und alles andere gebracht hatten.

Jemandem eine Heimat schenken, der Satz hat Poesie. Falls wir die Nerven bewahren und nicht einknicken vor denen, deren Lieblingsgefühl schon immer die Angst war, dann werden wir uns eines Tages an eine Zeit erinnern, in der wir unser Herz spürten. Und an seine bravouröseste Leistung: das Mitfühlen mit anderen.

Ein Moment im Leben –
Eine Wahnsinnige nach Mitternacht

Jeder Mensch begegnet Frauen und Männern, die ihm ein Rätsel bleiben. Ein großes Rätsel. Und nie findet man eine Antwort. Man behilft sich mit Ahnungen. Mehr ist nicht. So eine Geschichte kommt jetzt.

Ich war in München, um eine kleine Rede am Bayerischen Nationaltheater zu halten. Eine Laudatio auf eine wundersam begabte Schauspielerin. Am Vortag hatte ich von einer Frau, nennen wir sie XY, eine Mail mit dem Hinweis geschickt bekommen, mich »unbedingt« sehen zu müssen.

Okay, sie kam, sie war leidlich attraktiv und – schon nach Minuten erkennbar – sehr intelligent, viel wissend. Wir verbrachten eine leichte Plauderstunde im Garten meines Hotels, dann bat ich den Rezeptionisten, ein Taxi zu rufen. Wir verabschiedeten uns. Warum sie mich unbedingt sehen musste, habe ich nicht verstanden.

Ich arbeitete noch an meinem Text. Nach Mitternacht lag ich im Bett, lesen, Licht aus. Der Raum war stickig, das Zimmer teuer und die Klimaanlage kaputt. Trotzdem schlief ich irgendwann ein. Bis das Telefon läutete. So lange läutete, bis ich mich umdrehte und den Hörer auf das Gehäuse knallte. Ich hasse Telefonieren.

Dann Stille, dann wegdösen – vielleicht eine halbe Stunde – -, dann hörte ich es klopfen. Ich verharrte einige Sekunden, dann schlich ich humpelnd zur Tür, um den von innen steckenden Schlüssel festzuhalten. Keine Sekunde zu früh, denn schon versuchte jemand von außen mithilfe eines Passepartouts, das Schloss zu öffnen.

Seltsame Zustände in einem zivilisierten Land, in einem Vier-Sterne-Hotel: Ich, ein unbescholtener Gast, nackt und müde und mit schmerzgepeinigtem, tabletten-vollgestopften Körper – mein Unfall in Paris und die anschließende Operation lagen erst Wochen zurück – musste mit aller Kraft versuchen, eine Person daran zu hindern, mich kurz nach zwei Uhr früh zu besuchen.

Die Person sprach jetzt, und – wie blitzschnell vermutet – handelte es sich um die Stimme von XY: »Bitte, Andreas, ich will nur kurz rein und mich auf dein Bett setzen.« Jedes Wort begleitet vom Pochen ihrer Faust gegen die Tür. Okay, eine Verrückte, die mich nun per Du aufforderte – ja, wozu? Zu einem Schäferstündchen? Eher nicht, denn sie hatte während unseres Small Talks nicht die geringste Anspielung gemacht, kein um Bruchteile von Sekunden zu langer Blick, nicht die kleinste verräterische Geste, nichts. Nur belangloses Reden übers Reisen und die politischen Zustände im Nahen Osten.

Es wurde noch bizarrer, noch krauser. Eine zweite Stimme war nun zu hören, leise, fast flüsternd, aber als (hastige) Männerstimme erkennbar. Wahrscheinlich der Portier, denn wie sonst sollte der Generalschlüssel in die Hände von XY gelangt sein?

Wie auch immer, das Pochen und Betteln und krampfhafte Drehen ließen nicht nach. Und nicht meine Gegenwehr, mit der ich, inzwischen schweißgebadet, den Zugang blockierte. Was die Situation auf die Spitze des Irrsinns trieb, war das Gebrüll einer sexuell intensivst beschäftigten Frau, das von irgendwoher durch das offene Fenster drang. Die Welt als Irrenhaus und ich, durchaus unschuldig, mittendrin.

Ich hörte Schritte, die sich entfernten. Doch XY blieb, weiterhin wie von Sinnen getrieben, gewaltsam in Nummer 304 einzudringen. Ich drohte, die Polizei zu verständigen. (Nur Bluff, denn ich durfte weder Knauf noch Schlüssel loslassen.) Worauf XY – manchmal hat der Wahnsinn keinen Namen – antwortete, nein, nicht nötig, sie würde die Bullen holen.

Ich änderte meine Taktik, mir fiel ein, dass man Irren bedachtsam begegnen soll, also sprach ich ruhig auf die Besinnungslose ein. Ohne jeden Erfolg, im Gegenteil, ihr Flehen wurde noch ein atü hysterischer. Ich wunderte mich, dass niemand der anderen Gäste auf den Flur trat, um nachzusehen, wer hier für den Radau verantwortlich war.

Plötzlich, vielleicht zwanzig Minuten später: Stille, nur von weit weg Stimmen, die ich nicht verstand. Dann totale Stille. Ich wartete, möglicherweise handelte es sich um eine Falle, um mich in Sicherheit zu wiegen. Und zu überrumpeln. Doch es blieb still, und ich öffnete lautlos die Tür: kein Mensch, keine XY, der vollkommen leere Gang. Ich zog den Zweitschlüssel heraus, noch immer (!) im Schloss, sperrte wieder von innen ab und rief die Rezeption an. Ich kochte.

Des Lebens purer Wahnwitz. Der Portier stotterte und überschlug sich mit Entschuldigungen. Und erklärte, was passiert war, denn der Wahnsinn hatte ein Vorspiel gehabt, noch wahnsinniger: Als das Telefon in meinem Zimmer läutete, war er es, der versucht hatte, Frau XY zu mir durchzustellen. Als ich ihn fragte, wie er dazu käme, mich mitten in der Nacht aufzuwecken, meinte er, dass es so üblich sei, wenn der Anrufer wüsste, wie der Gast hieße. Natürlich habe er Frau XY die Uhrzeit zu bedenken gegeben, aber sie drängte, berichtete erregt, dass sie die Frau im Hotelgarten gewesen sei und dass ich – jetzt kommt der Überflieger – während des Gesprächs mit ihr Selbstmordgedanken geäußert hätte (!!!), sie sich logischerweise größte Sorgen mache und mir unbedingt nah sein müsse, um mich vor dem Unglück zu bewahren. Dass ich auf das Klingeln nicht reagierte, schien XYs wirre Reden nur zu bestätigen: Vielleicht lag ich schon drogenüberschwemmt im Koma. Oder baumelte am Duschhaken. Drei Minuten später sei XY leibhaftig vor ihm gestanden, und so habe er – nun von Panik ergriffen – ihr den Passepartout ausgehändigt. Kurz darauf sei er ihr gefolgt, und sie hätten nun beide versucht, zu mir zu gelangen. Nachdem er mich jedoch habe sprechen hören, sei er an seinen Arbeitsplatz zurückgekehrt. Und dort habe ihn die Erleuchtung überkommen: XY ist gaga! Und er rief die Polizei. Die kam, stieg in den dritten Stock und – das waren die Stimmen, die ich gehört hatte – nahm XY mit.

Es tue ihm alles furchtbar leid, aber er habe auf keinen Fall riskieren wollen, dass einem Gast etwas zustoße. Dann kam der Geknickte nach oben und holte den Zweitschlüssel. Ich versprach ihm, mich nicht beim Hotelboss zu beschweren.

XYs Geheimnis blieb unantastbar. Nie wieder tauchte sie auf. Nur eine Mail kam eines Tages, in der stand der unheimlich komische Satz: »Ich habe mein Ziel erreicht, Sie hassen mich jetzt.« Ich wackelte mit dem Kopf. Unergründliches Menschenherz.

FRAUEN

Armes, schreckliches China. Eine Plage von biblischen Aus-maßen zieht über das Land. Die mehr als hundert Millionen Männer ins Unglück stürzt. Sie zahlen jetzt den Preis für zwei Generationen Macho-Wahn, bei dem chinesische Müt-ter tatkräftig behilflich waren: Sobald das Geschlecht fest-stand, wurde abgetrieben, denn der Macho-Vater wollte einen Macho-Sohn. Die noblere, die göttlichere Ausgabe Mensch.

Zeit der Dürre im Reich der Mitte. In manchen Gegen-den kommen auf hundert Männer nur 84 Frauen. Ich war ein halbes Dutzend Mal im Land, und der Anblick von Heerscharen einsamer Männer, hungrig nach Liebesflüstern und Wärme, strengte an.

»Mein Herz ist leer«, sagte einer von ihnen, einer, der katastrophale 36 Jahre alt war und dessen Mutter ihn täglich aufforderte, eine »Willige« zu finden. Noch nie hatte Zhi die Haut einer Frau eingeatmet, noch kein Kuss war ihm gelungen, noch nicht einmal hatte er einen nackten weiblichen Körper bewundert. 36 mal 365 macht 13 140 kalte Nächte.

In anderen Ländern hängen sich Männer eine »Liste der noch zu küssenden Frauen« im Wohnzimmer auf. Zhi hatte kein Wohnzimmer, er lebte bei den Eltern.

Jeden dritten Tag steht etwas vom Elend dieser – in Flammen stehenden – Junggesellen in den Zeitungen. Inzwischen gibt es eine Mafia, die sich aufs Entführen von Frauen, auch verheirateten, spezialisiert hat. Um sie dorthin zu verschleppen, meist in entlegene Gegenden, wo einsame Bauern warten, die zahlen. Unter Umständen mit einem Büffel. Pro Stück Frau.

Im Gegenzug verteilen hilfsbereite Taxifahrer Fotos der Gekidnappten an ihre Fahrgäste. Mit der Bitte, sich zu melden, wenn sie wüssten, wo die Gesuchten sich aufhielten. Ein »Finderlohn« winkt.

Erstaunlich, was Machos alles unternehmen, um in die Nähe dessen zu gelangen, was plötzlich dramatisch fehlt. Leiden, sagte Freud, macht Sinn. Der Schmerz soll Ansporn für andere Gedanken, andere Ideen sein. Im konkreten Fall: dass die Paschas sich – als ersten Schritt – an ein geflügeltes Wort aus einem fernen Jahrhundert, aus einem fernen China erinnern: »Frauen tragen die Hälfte des Himmels.«

Die Verhältnisse haben sich geändert. Zu Zeiten der Kulturrevolution – 1966 bis 1976 – sollte ein Mann neben der Mao-Bibel drei »alte« Dinge in die Ehe mitbringen: eine Armbanduhr, eine Nähmaschine und ein Bike. Heute, hört man, soll es ein Haus, ein Auto und ein Bankkonto sein. Berühmt wurde der Satz einer gewissen Ma Nuo, eines kurzlebigen TV-Sternchens: »Ich weine lieber in einem BMW, als dass ich auf einem Fahrrad lache.« Der Tussi-Satz bombte im World Wide Web. Seitdem gelten alle jungen chinesischen Frauen als geldgeile Schlampen. Auch in westlichen Berichten zum Thema kommt diese Behauptung – verdeckt – immer wieder durch.

Unheimlich, mit welch beachtlichem Nonsens unsere Gehirne gewaschen werden. Dass die Goldfinger-Theorie schon deshalb nicht stimmen kann, weil neunzig Prozent aller männlichen Chinesen weder ein Haus noch ein Auto noch ein (gefülltes) Bankkonto haben, fällt den Nasen nicht auf.

Werfen wir nochmals einen Blick auf Zhi, den uralten Jungmann. Man ahnt ziemlich rasch, warum keine hinter ihm her ist: Zhi fehlen Charme und Witz und Sprache und Ausstrahlung. Zudem tritt er als Muttersöhnchen auf, der Mutti nie aus den Augen lässt, wenn er redet. Ist das sexy? Will man mit so einem im Bett kugeln und kichern?

Sorry für den langen Umweg über Fernost. Aber er zeigt, dass Männer – weltweit – zu straucheln beginnen, wenn es um Frauen geht. Ich habe ein ganzes Buch über sie geschrieben und bin noch immer verwirrt. Verwirrung ist ein zweischneidiger Zustand, der Unsicherheit schafft. Und wer die nicht aushält, fängt an zu verachten. Gerade Männer, die in diesen Zwiespalt von (vehementer) Geilheit und (unerfüllter) Sehnsucht geraten, ziehen das Objekt, das sie so begehren und das sie so desinteressiert zurückweist, in den Dreck. Um die Demütigung auszuhalten. Nicht jede Frau gehört unter Denkmalschutz, ich weiß. Natürlich bekam auch ich meine Quote von *bad girls* ab, von Strindberg-Kamikazefrauen und abgefeimten *money bitches*. Dann schwankte ich genauso, aber nie kam ich in Versuchung, die wenigen mit den vielen zu verwechseln. Zudem hatte ich »Glück«: Ich traf Männer, die ebenfalls hinterhältig logen und mich bestahlen. Und trotzdem verfiel ich nie dem Reflex, alle Männer als Schweinehunde zu verdächtigen. Weil mir oft andere begegneten, die mich freundlich und fair behandelten. Meine Männerfreundschaften gehören zu dem Innigsten, was ich vorzuweisen habe.

Vom Lobgesang auf Frauen werde ich nicht lassen. Erstaunlicherweise beruht dieses Verlangen auf Erfahrungen mit meiner Mutter. Die zu schwach war, um mich (und sich) vor ihrem Mann zu retten. Dennoch, den Rest ihrer Kraft schenkte sie mir. Und im kalten Haus meiner Kindheit empfand ich das als Wärme.

Lange, lange danach las ich ein Interview mit Paul McCartney, in dem er davon sprach, dass seine erste Erinnerung an einen Menschen die warme Hand einer Frau war. Und diese Empfindung seinen Umgang mit Frauen bestimmt hätte, ja, ihn seit diesem Tag Gefühle wie Dankbarkeit und Harmonie begleiten.

Ach, was ist Männern nicht alles eingefallen, um in die Nähe von Frauen zu gelangen. Und ach, wie viele Männer mutierten zu *grumpy old men*, weil ihnen – von irgendeiner Stunde an – der Zauber Frau fehlte.

König David, so geht die Legende, »konnte nicht mehr warm werden« (seelenvolle Dichtersprache, um das Alleinsein zu beschreiben). Und da man, um eine (männliche) Herzwunde zu schließen, noch immer kein probateres Mittel gefunden hatte als eine Frau, machte sich der Hofstaat auf die Suche. Und eines Tages fand man die »sehr schöne« Abisag von Sunem. Und sie diente ihrem Herrn, der sie jedoch nicht »erkannte«, sie – so das biblische Vokabular – nicht beschlief.

Die Fee wurde Namensgeberin für das heute längst verschollene Wort *Sunamitismus*. Im späten Mittelalter erlebte das Phänomen seinen Höhepunkt und entwickelte sich – in vager Anlehnung an David und seine Retterin – zu folgender »Therapieform«: Ältere Männer – nicht mehr so recht im Besitz strahlender Manneskraft – legten sich zu einem jungen, doch geschlechtsreifen Mädchen ins Bett. Ohne die Absicht, ihr »beizuwohnen«, nein, kein Liebesspiel war erlaubt. Nur nebeneinanderliegen. Zweck der bezaubernden Übung: Die »Ausdünstungen« der Maid wirken verjüngend! Raunte man. Die Kur wurde sogar von Medizinern empfohlen. Ja, man eröffnete eigene *Sunamitismus*-Häuser, die eben nicht als Bordelle funktionierten, im Gegenteil: Der »Klient« musste eine Kaution hinterlegen, die einbehalten worden wäre, wenn die »Dienstleisterin« ihre Jungfräulichkeit verloren hätte. Denn Unberührtheit wurde als Bedingung für Effizienz gerühmt. Nichtjungfrauen galten als wenig förderlich.

Bis in die Renaissance hielt der sinnliche, herrlich schwachsinnige Aberglaube an. Ende des 19. Jahrhunderts hat Gandhi den *Sunamitismus* wiederentdeckt, im fernen Indien. Und ihn neu interpretiert, gerissen und entsprechend seinen herrischen Moralvorstellungen. Da noch immer Satan Sex in ihm zuckte, dem er doch – nach ein paar intimen Debakeln – abgeschworen hatte. Sobald er sich sicher war, dass sein potenter Trieb – stets pannenfrei – der Versuchung standhalten würde, lud er gleich mehrere Damen zu sich aufs nächtliche Lager. Und widerstand in jeder Nacht, sehr keusch, jeder Anfechtung.

Wie erfreulich, dass ich nicht im Mittelalter leben muss und dass mir heute Gandhis verdruckstes Verhältnis zu Nacktheit und Hingabe – ich hatte auch meine finsteren Zeiten – so fremd sind.

Seit vielen Jahren will ich sein wie jeder Mann, der gern in der Wirklichkeit lebt, fernab von Aberglauben und Jungfrauenwahn. Ja, mich hält eine andere Praxis in Form. Ganz irdisch und garantiert zuträglich der Liebhaberin und dem Liebhaber: jeden Tag die Frau besingen, die beschlossen hat, mir nah zu sein. Das muss sein. Weil sie mir etwas schenkt, ohne das ich nicht die Hälfte wert wäre. Ein Geschenk, das schon morgens glitzert: wenn ihr Rücken sich an mich schmiegt und wir beide – voll haltlosem Vertrauen – ins schöne Leben schlittern. *Morning glory.*

Solange ich atme, will ich nie neben einer aufwachen, die als Gattin und/oder multi-funktionstüchtiges Haushaltsgerät in meiner Nähe kocht und bügelt und staubsaugt – und abends ihren ehelichen Pflichten nachkommt. (Bis sie die Pflichten verweigert.) Das – so habe ich es beim Betrachten vieler Eheleute fleißig gelernt – lähmt die Lebenslust. Und jede andere. Ich mache lieber den Windstoßvergnügten den Hof, den kleinen Bürgerschrecks, jenen, die mir gleich zu Beginn versprechen, dass die Ewigkeit für sie nicht infrage kommt. Das – die Unlust auf allezeit – sei, so habe ich manchen reden hören, verwerflich. Was wiederum beruhigend klingt, denn die Moral der Moralapostel verspricht eine trostlose Zukunft.

Hier eine (französische) Geschichte, die ich aus erster Hand kenne. Sie erzählt uns davon, wie (verlogene) »Sitte« und (wahrhafte) Scheinheiligkeit ein unschlagbares Team bilden. Als bravouröse Lebensvernichter.

»Démon de midi« nennen sie in Frankreich ein Phänomen, das Männer betrifft, die inzwischen über fünfzig sind, sprich, die Mitte (midi) ihrer Lebensjahre bereits überschritten haben und nun von Neuem auf Brautschau gehen: Der Dämon reitet sie.

Da wir aber in modernen Zeiten leben, meldet sich dieser Teufel – nicht mehr unterdrückbar – nun auch bei Frauen.

Sie wollen ebenfalls Frischfleisch und ansehnlichere Bettgenossen als den seit zwanzig Jahren Angetrauten. Es erwischt sogar Damen, die eher als tugendhaft auffielen. (Oder sollte man sagen: Gerade die erwischt es?) Wie dem auch sei, Thérèse, so soll sie heißen, die bisher standfeste Katholikin, verliebte sich »besinnungslos« in ihren jungen Beichtvater. Der es ihr »richtig besorgte«. So, wörtlich, die Wiederbelebte.

Bis dahin ist das eine erfreuliche Geschichte, angetrieben von dem unbedingten Willen einer Frau und eines Mannes, ihr verheucheltes Dasein aufzugeben. Zudem erheitert der Gedanke, was für zwei sich hier gefunden haben. Doch die Erinnerung an die Hölle – die christliche Antwort auf Sinnenfreude – holte die Ehebrecherin wieder ein, und die 42-Jährige ließ ab vom Taumel. Und kehrte schuldbeladen und lustlos zum Gatten zurück. Um pflichtgemäß und voll wilder Fantasien an den Sündenpfarrer die Beine breitzumachen. Wobei der eheliche Beischläfer gewiss an die achtzehnjährige Kassiererin dachte, die er tags zuvor im Supermarkt beäugt hatte.

Das ist die Rache der Heuchelei: Wer ihr verfällt, verabschiedet sich vom Leben. Denn zu dem muss man stehen. Treuherzig und unbestechlich. Wie zu einem Freund, den man liebt.

Mit der Industrialisierung kam in England, Mitte des 18. Jahrhunderts, das Wort »to bore oneself« auf, sich langweilen. Da das Leben bequemer und fader geworden war. Und gleichzeitig entstand das Wort »interesting«. Um das eine vom andern zu unterscheiden.

Immer wenn ich eine Frau treffe, »neu« oder schon bekannt, dann nehme ich mir vor, dass es »interessant« wird. Nein, das Wort ist mir zu blass, ich wünsche mir, dass ein »So-soll-das-Leben-sein«-Tag passiert. Denn oft kam so ein

Tag, und oft soll so einer nochmals kommen. Und nochmals.

Mit Männern gelingt mir das seltener. Frauen haben mehr Potenzial für Überraschungen, für das Verblüffende. Himmel, ich hatte meine Nie-wieder-Tage mit ihnen. Und Nie-wieder-Nächte. Doch mein Verlangen nach ihnen blieb intakt. Bis heute.

Ersehnt werden ist ein Hinweis auf Macht. Je mehr Sehnsucht jemand auslöst, desto mehr Macht hat dieser Mensch. Und Frauen haben sie. Über uns, die Männer. Über die großen, über die kleinen. Vom vierjährigen (!) Christian Heinrich Heineken, dem Wunderkind aus Lübeck, wurde 1725 berichtet, dass er nach mehreren Vorträgen (!) in die Kulissen rief, wo seine Amme saß: »Sophie, ich ben so möde, gef my doch de Titte.« Tatsächlich ein geniales Kind, das nebenbei schon wusste, wie sehr der Duft, der Anblick, das Anfassen eines Busens belebt. Die Lebenssinne. Wie all das den Tag verschönert, die Nacht. Noch bevor ein Hauch von Sexualität aufkommt.

Ich war immer fasziniert von Leuten, die lange Zeit allein sein können. Ich schaffe das auch, aber nicht über Wochen. Wobei ich auf vieles verzichten kann. Auf Komfort, auf Gespräche, auf Männer. Der einzige Mangel, der die längeren Auszeiten verhindert, ist die Abwesenheit einer Frau. Der portugiesische Dichter Fernando Pessoa meinte einmal, auf Schwächlinge anspielend, die nicht imstande sind, für sich zu sein: »(…) bist du zum Sklaven geboren. Du kannst alle Geistes- und Seelengröße besitzen und bist doch Sklave, ein nobler und kluger vielleicht, aber kein freier Mensch.«

Einverstanden, so bin ich eben ein halber Sklave. Ja, irgendwann wird das sinnliche Verlangen so übermächtig, dass kein Tun mehr von diesem Drang ablenkt. Kein Schreiben, kein

Meditieren, kein Lesen. Selbst in den Träumen bin ich auf ihren Spuren. Denn Frauen verfügen über etwas, das durch nichts, absolut nichts, ersetzbar ist. Ja, Männer hungern nach dem weiblichen Körper. Und hungern danach – ich allemal –, ein Geheimnis zu heben. Gewiss, so manche kommt ganz ohne Rätsel aus: außen prachtvoll, drinnen sagenhaft hohl.

Ach ja, derlei Männer haben wir auch. Doch da wir nie so schön wie Frauen werden, fällt ein leergepustetes Männerhirn weniger schnell auf.

Vor Jahren besuchte ich als Reporter mit einer Fotografin ein kolumbianisches Zuchthaus. ¡*Diábolo!*, wie rüttelten die schweren Jungs an den Stahlgittern. Tausend Augen gierten nach Karina. Obwohl fast alle – so erzählten die Häftlinge, so berichteten die Wärter – vögelten. Aber ein Männerhintern ist ein armseliges Gebilde im Vergleich zu den Formen einer Göttin.

Auch den einfältigsten Mann auf Erden verwirrt an einer Frau mehr als ihre primären Geschlechtsreize. Er kann es nicht sagen, doch er nimmt es wahr. Tief unbewusst. Karinas Auftritt – vom Hals bis zum Knöchel bedeckt – war ein Triumphzug. Ich habe ihn genossen. Weil ich recht hatte: Die Spanierin war Versuchung und unfassbares Rätsel zugleich.

Von Hannah Arendt stammt die feierliche Redeweise »wirkliches Dagewesensein«. Wie immer die Philosophin diese Notiz gemeint hat, ich begriff nach dem Lesen der zwei Wörter, dass es mir in Anwesenheit einer Frau entschieden leichter fällt, »da« zu sein. Nicht nur in erotischen Situationen. Ich vermute – wie bizarr das klingt –, in ihrer Nähe der »bessere« Mensch zu sein, der bessere Mann, der achtsamere. Warum? Auch das weiß ich nicht.

Ich sehne mich nach mir, der ich bin, wenn ich bei dir bin.

Dass Männer – jetzt geht es um Sex – nach dem Liebesspiel das umwerfende Gefühl verspüren, »ganz dagewesen« zu sein, beweist beiden Seiten, dass Schmusen und Seufzen zu den letzten Tätigkeiten gehören, von denen wir uns nicht ablenken lassen. Die so erfüllen, dass wir vollkommen erfüllt sind: da der Flow über uns kam. Sogar diesen Zustand verdanken wir den Frauen. Sie sind talentierter fürs schwerelose Tändeln als wir.

Noch eine Episode aus Mexico City, wo ich eine Zeit lang wohnte, um Spanisch zu lernen. Maria, eine Mexikanerin, die an der gleichen Schule Englisch studierte, war über Nacht in meinem Hotelzimmer geblieben. Wir hatten es gut miteinander, aber das ist nicht die Geschichte. Ich erzähle sie, weil sie uns etwas über Macht offenbart.

Alles stimmte, das Bett, sie und ich, die piano summende Klimaanlage. Die einzige Problemzone lag nebenan, der Nachbar grölte. Vermutlich schwer betrunken. Ich überlegte: wie einen Fremden zivilisieren? Den kleinen, schüchternen Rezeptionisten verständigen? Keine gute Idee. Selbst rübergehen und für Ruhe sorgen? Ganz schlechte Idee, denn zwei erregte Männer haben noch nie zum Weltfrieden beigetragen.

Was dann? So einfach: Maria schicken! Und die junge Frau, mexikanisch blühend, schlüpfte in ihre wenigen Sachen und klopfte an. (Ich stand lauernd und versteckt bereit, für den Fall, dass.) Irgendwann öffnete der Rohling, und Maria – wir hatten kurz ihren Text geprobt – berichtete von mir, ihrem Bräutigam, und unseren Flitterwochen, ach, ob er nicht so superlieb sein könnte, ein bisschen leiser zu singen. Wir wären ziemlich erschöpft, er verstehe doch (sie zwinkerte mit den Augen), und morgen ginge es weiter nach Acapulco.

Und das Wunder von Mexico City passierte: Der Dicke wurde schlagartig superlieb und bat, unfassbar, um Entschuldigung. Und Maria hieß von nun an *madre coraje*, Mutter Courage.

Dafür schenkte ich ihr einen Satz von Helmut Newton, dem Fotografen: »Ich habe keine Angst vor starken Frauen. Bei ihnen kann mir nichts passieren. Ich bin nicht stark.«

Ach, Frauen. Mein staunendes Ich in ihrer Nähe. Nichts fährt ungestümer in mein Herz als die beiden Aphrodisiaka Schönheit und Geist. Eine Welt ohne Frauen, das ist eine schauerliche Vorstellung. Kein Flair würde mehr benebeln, keine Verheißung mehr verführen, niemand mehr ein Liebesgedicht flüstern. *And no morning glory any more.*

EINSAMKEIT

Im Frühjahr 2016 reiste ich nach Griechenland. Gleich am Tag nach meiner Ankunft, frühmorgens, eilte ich hinauf zur Akropolis. Um der Hitze und den Menschenfluten zu entgehen. Ich Glücklicher, die Anlage war leer bis auf eine Handvoll anderer Besucher. Neben dem Erechtheion, dem Tempel mit den sechs Mädchenstatuen, passierte es. Die Welt war gerade makellos, Himmel und Erde hätten zu dieser Stunde nicht phänomenaler aussehen können. Ich bebte ein bisschen. Schönheit haut um.

Etwas Überraschendes geschah. Ich hörte jemanden schluchzen. Zehn Meter entfernt sah ich eine ältere Dame. Sie war es. Sie saß auf einem der uralten Steinbrocken, den Kopf in beiden Händen. Schon als Junge rührte mich das Weinen einer Frau inniger als die Traurigkeit eines Mannes. Vielleicht hat es mit meiner Mutter zu tun. Nur eine Vermutung.

Ich fragte sacht, ob sie Hilfe benötigte. Nein, meinte sie abwesend, »ich bin der einsamste Mensch, mir kann niemand helfen.« Ich durfte mich zu ihr setzen, und irgendwann – mehrmals unterbrochen vom heftigen Schütteln ihres Körpers – begann sie zu reden. Und ich erfuhr den Grund ihres Unglücks: Ihr Freund hatte sie verlassen, »after six years of love«.

José Saramago, portugiesischer Schriftsteller und Nobelpreisträger, äußerte einmal: »Der Mensch ist ein untröstbares Tier.« Gewiss oft, doch gewiss nicht immer. Natürlich konnte ich, der Fremde, die Verlorene auf der Akropolis nicht trösten. Mehr als ein paar freundliche Sätze kann einer, der aus einem anderen Leben kommt, nicht liefern. Aber das Herz eines Verzweifelten fühlt, dass sich jemand Zeit nimmt. Und zuhört. Ohne Arglist und Hintergedanken. Das heilt den Verwundeten nicht, doch er spürt, dass er in diesem Augenblick nicht allein ist. Denn allein sein auf der Welt, das ist eine Katastrophe.

In einem mexikanischen Film gab es eine Szene, in der ein katholischer Priester mit einer Frau schläft. Beim Abschied sagt sie: »Du weißt, dass wir dafür in die Hölle kommen?« Und er: »Es gibt nur eine Hölle, die Hölle der Einsamkeit.« Der Beischläfer kam nicht gut weg in der Geschichte, er war korrupt und gierig, aber an dieser Stelle mochte ich ihn. Endlich kein bigott-überirdisches Blabla, sondern ein Gedanke, der uns, uns alle, trifft: das Gespenst der Einsamkeit. Die unheimliche Aussicht, dass sich eines Tages weit und breit niemand mehr findet, der uns nah sein will. Ein Mensch ohne andere, das ist hundsgemein trostlos.

Das sagt einer, der gern allein ist, ja, in Maßen ziemlich clever damit umgehen kann. Ich gehöre nicht zu jenen vom Schicksal Geschlagenen, die jeder oder jedem Nächstschlechtesten hinterherrennen. Da schon 48 Stunden ohne die Nähe eines Zweibeiners mittelschwere Depressionen heraufbeschwören. Die Zahl lausiger Beziehungen, die entstehen, weil sie oder er oder beide vor dem unhörbarsten Anflug von Alleinsein davonrennen – diese Zahl ist stattlich.

Das Gegenteil haben wir auch: Jene Zeitgenossen, die Intimität – die seelische ist jetzt gemeint – nicht aushalten. Eine Zeit lang ergeben sie sich, aber dann hauen sie die Nähe kaputt. Sie wird bedrohlich. Nähe kann das Glück versprechen. Und sie kann die Pforten der Hölle öffnen. Meist, nicht immer, hat das mit Erlebnissen in der Kindheit zu tun. Das sind die Jahre, in denen man derlei Kunstfertigkeiten beigebracht bekommt, von weisen Eltern. Die so etwas wie Urvertrauen säen. Andere Eltern, selbst ruiniert von ihren Vorfahren, verteilen Misstrauen und/oder Prügel. So kommen gebrannte Kinder zur Welt.

Wie es auch sei, ich könnte nicht sagen, was anstrengender ist: die Unfähigkeit, mit sich – solo – zurechtzukommen, oder die schiere Angst vor jeder Art Nahsein. Ach, die Lebensklugen haben verstanden: Der Mensch braucht alle zwei, das selige Schweben für sich (und nur für sich) und das Wissen um Freundinnen und Freunde, die wiederkommen. Und die Wärme mitbringen. Und Geist versprühen. Und ach, die unglaubliche Minderheit, die Wärme und Geist und Eros verschenken.

Erstaunlich, was die Menschlein alles unternehmen, um das Alleinsein abzustellen: Himmel, wie viele sind mittels Mobiltelefon ununterbrochen online und noch immer einsam? Ich kenne Leute, die eilen mit zwei, ja, drei Smartphones durch die Gegend. Und das Gefühl rastlos beschäftigter Leere will nicht weichen.

Oder sie kommen nach Hause und werfen sogleich den Fernseher an. Nein, nicht, um zu sehen, nein, um jemanden reden zu hören. Überall in der Wohnung. Der Bildschirm als Lagerfeuer. Ach, Stimmen, ach, Einsamkeit, halt still! Damit der GAU aller Mutterseelenalleinigen nicht ausbricht: das Selbstgespräch.

Manche richten sich in ihren vier Wänden einen Zoo ein. Wenn schon keine Frau oder kein Mann hinter der Tür beschwingt die Arme zum Willkommenskuss ausbreitet, so warten immerhin ein Hund oder eine Katze oder fünf Hamster, die sich selig bekrabbeln lassen. Sie bringen kein Wort hervor, aber man spürt ihre Freude, die stete Treue.

Eine gute Freundin streichelte im Wohnzimmer ihre Schlangen. Wie verlassen muss der Mensch sein, um Nattern und Pythons zärtlich anzufassen. Inzwischen, so habe ich gehört, gibt es einen Liebhaber. Seitdem liebkost sie wieder Männerhaut, das Verlangen nach kalt geschuppter Epidermis hat sich gelegt.

Tierliebe ist etwas Wunderbares, aber Menschenliebe vielleicht noch wunderbarer.

Zwei Geschichten von Einsamkeit will ich erzählen, aus zwei Kontinenten. Wer immer sie liest, wird reagieren. Jede/r entscheide für sich. Doch ein Gefühl von sagenhafter Dankbarkeit sollte auftauchen. Weil man – aus nie durchschauten Gründen – davongekommen ist. Mit einem Gesicht, das man nicht ertragen muss. Mit einem Körper, den niemand zugerichtet hat.

Asien: Die Szene passierte in der *Burn Unit* des größten Krankenhauses in Dhaka, der Hauptstadt von Bangladesch. Das Elend hiesiger Verhältnisse war unübersehbar. Ein schäbiger Raum diente als Intensivstation für Verbrennungen, mit acht Betten, einer eingerosteten Klimaanlage, zwei laut klappernden Ventilatoren und einem halben Tausend Fliegen. Hier einzutreten forderte Nerven: für den Anblick von acht Frauen, die ein Grauen erfahren hatten, von dem wir anderen nichts ahnen. Die meisten von ihnen waren Opfer zornrasender Männer geworden, die sie – aus Eifersucht, aus Rache, aus Gier nach Mitgift – mit Säure überschüttet hatten. Damit ihre Köpfe und Leiber aussahen wie Attrappen in einer Geisterbahn.

Ich werde nur Thamina vorstellen, zur Schonung von uns allen. Zu ihrem Unglück kam noch die Absurdität, denn sie befand sich im Augenblick des Anschlags rein zufällig neben ihrer Freundin, der allein die Attacke galt. Und geriet so ebenfalls in die Schusslinie des Zurückgewiesenen.

Und ihre Herzensbildung ist der dritte Grund, warum ich sie erwähne.

Die 23-Jährige saß in ihrem Bett, mühsam konnte sie sprechen. Ihr vollkommen verschmortes Gesicht, wie schwarz überpinselt, ihre von Brandnarben überzogenen Hände und Arme. Mutter Sufia stand am Fußende, fächelte Luft, lebte hier, schlief auf dem Boden. Seit Wochen.

Die beiden redeten miteinander, und Thamina begann zu weinen. Die Tränen rannen nicht über ihre Haut, sondern über schorfige Krusten, verschwanden ein paar Zentimeter tiefer in runden, wundoffenen Löchern. Jetzt das Unglaubliche: Die ehemalige medizinische Assistentin verlor die Nerven, weil ihr wieder einfiel, dass sie die Einzige war, die Geld nach Hause gebracht hatte, ja, sie stammelte: »Mach dir keine Sorgen, Mutter, mach dir keine Sorgen.« Die Schwerverwundete tröstete die anderen.

Wie ich Szenen wie diese wegstecke? Verkrafte? Gar nicht. Das Hirn hat eine Festplatte, die man nicht löschen kann. Und das Herz funktioniert ähnlich.

Afrika: Ich reiste nach Harrar, uralte Stadt im Osten Äthiopiens. Unheimlicher Ort, knapp zweitausend Meter hoch gelegen, voller Undurchschaubarkeiten, voller Mittelalter, voller Unruhe, da der Staatschef von vielen gehasst wurde. Und da die jungen Kerle nebenbei noch in einen Krieg gegen Eritrea, die abtrünnige Provinz, ziehen mussten. So streiften ab Einbruch der Dunkelheit Rollkommandos des Regimes durch die Gassen, um Achtzehnjährige einzufangen und zwangszurekrutieren.

Ich lernte Abdul kennen, einen Muslim. Er kannte sich aus, er kannte die Sprache, er wusste ein paar Geheimnisse. Tagsüber fühlte er sich sicher, nachts trat er nicht mehr auf die Straße. Mit ihm erlebte ich die brutalste Form von Einsamkeit.

Vor dem Erer-Tor, durch das Europäer früher nur heimlich die Stadt betreten konnten, lag der Lepra-Kral. Hunderte »Aussätzige« – ausgesetzt von der Gemeinschaft der Gesunden – dämmerten hier in Tukuls, den lehmverkleisterten Bambushütten. Wer hier anklopft, sollte gefasst sein: auf einen Besuch im Reich der Finsternis. Auch wörtlich gemeint, denn die Augen mussten sich erst an die stickige, stinkende Dunkelheit gewöhnen. Ungeziefer flirrte durch den engen Raum, es dauerte, bis ich die drei Menschenwesen wahrnahm, sitzend, lungernd. Und begriff, dass sie verfaulten, jetzt und seit ewig. Und ich sah irgendwann ihre zwölf Gliedmaßen, auf eine schreckliche oder noch schrecklichere Weise angefressen, zerfressen, zoomte auf ihre eitergelbverschmierten Körperreste, heimgesucht von gierig glücklichen Fliegen, entdeckte zuletzt ihre Gesichter, die – wie in der Hölle geschändet – ins Leere blickten.

Abdul übersetzte, und ich erfuhr, dass zwei von ihnen blind waren, fast blind, und alle drei schlecht hörten. Doch wir seien willkommen, gewiss. Im Gegenteil: Sie könnten nicht glauben, dass ein Fremder freiwillig hier vorbeikäme. Der eine musste meine Fassungslosigkeit gesehen haben und strich mir mit seinen Rumpfhänden über den Rücken. Unermessliches Menschenleben.

Das Gespräch war mühsam. Abdul wusste nicht viele englische Wörter, und ich sprach keine Zeile Harari. Die drei Männer siechten vor sich hin und – so viel war zu verstehen – dachten nie an die Zukunft. Es gab sie nicht. So wenig wie Freunde und Angehörige. Einmal die Woche, freitags, durften sie in der Stadt betteln. Laut Verordnung. Aber ihre Leiber waren bereits zu abgewirtschaftet, um sich ohne Hilfe weiter als zehn Meter bewegen zu können.

Am frühen Abend brachte jemand drei Blechschüsseln mit Injera, dem Fladenbrot, und Linsenbrei. Und eine Kanne heißen Tees. Ja, sie wurden zweimal pro Tag von hilfsbereiten Menschen versorgt. Abdul und ich übernahmen diesmal das Füttern, da zwei von ihnen außerstande waren, irgendeinen (kleinen) Gegenstand zu halten. Die Finger fehlten.

Irgendwann saßen Abdul und ich in der Falle. Mein Fehler, da ich nicht zur Stippvisite antreten, Monster anstarren und wieder verschwinden wollte. Ich wollte sie »aushalten«. Und als der späte Nachmittag vorbei war und ich zum Aufbruch mahnte, meinte Abdul nur: »Too dangerous.« Für ihn, denn jetzt war es dunkel, und die Gefahr, dass die Soldateska ihn aufgriff und zum Gefreiten abrichtete, war zu groß. Ein paar Tage zuvor hatte er sich nur durch einen zähen Sprint in Sicherheit bringen können.

So verbrachten wir die nächsten acht Stunden auf dem Lehmboden des Verhaus, die ersten sieben davon in trüber Schwärze, nur unterbrochen von den Minuten, in denen wir Ermias – sein Alter wusste er nicht, vielleicht fünfzig, vielleicht sechzig – zur Dorflatrine brachten. Einen Ort, für den kein Wort im Universum vorhanden ist. Still war es, von fern nur das Jaulen der Hunde.

An Schlaf war nicht zu denken. Ich lehnte, sitzend, mit dem Rücken gegen einen der Holzpfosten und wanderte – via Fantasie – in die Köpfe dieser Verdammten der Erde. Ich scheiterte, wie zu erwarten. Was sollte ein Europäer, ein gesunder, ein reicher (hier), einer mit tausend Plänen, was sollte so einer vom Meer der Einsamkeit dieser drei Männer begreifen? Die Tag für Tag im Dreck lagen und ihr Leben, den kümmerlichen Rest davon, verrotten sahen, ja, ihr Versiechen nur noch diffus und wehrlos wahrnahmen. Was?

Abschied an einem strahlenden Morgen, ach, Äthiopien gehört zu den hundert Weltwundern. Abdul wusste ein nobles Restaurant, ich lud ihn zum Frühstück ein. Wiedergutmachung für die Stunden, die ich ihm zugemutet hatte. Den Kerl bedrängten genug Sorgen, jetzt sollte er sich bedienen lassen und essen dürfen, bis ihm schwindelte.

Wir schlemmten wie zwei Hungertod-Kandidaten. Und schauten voller Sehnsucht den schönen Äthiopierinnen nach, die an uns vorbeigingen, auf der Suche nach einem Tisch. Was für Gesichter, was für Körper, was für eine Eleganz, was für eine Hymne an das Leben. Und was für ein unerhörter Unterschied zu dem, was hinter uns lag. Eigenartig, Abdul und ich sprachen kein einziges Wort über die vergangene Nacht. Sie schien unaussprechlich zu sein.

Ein Moment im Leben –
Hardcore in Japan

Ich liebe Japan. Der Schönheit, der Höflichkeit wegen. Und der vielen Klöster wegen, in denen man still sitzen und meditieren darf. Und des vielen Sex wegen, den sie auf dem Inselreich nie mit Sünde und Schuld besudeln. Ein halbes Dutzend Mal kam ich in das Land. Als Zen-Schüler, als Reisender, als Reporter. Ich behaupte frech, dass ich schon ein paar Wunderlichkeiten auf der Welt mitbekommen habe. Aber jetzt kommt eine Skurrilität à la aberwitzig.

Ich sollte eine Reportage über Geishas schreiben. Doch bevor man den »echten«, den einzigartig Geheimnisvollen begegnet, stößt man auf die eher rustikalen Spielereien des Eros. Nicht ganz so raffiniert, aber gewiss fideler und hemmungsloser.

Ich machte einen Abstecher nach Nishi-Funabashi, ein Vorort von Tokyo. Dort gebe es eine »Revue«, so der Tipp, mit einer grandiosen Überraschung. Der exorbitante Eintrittspreis war entschieden zu niedrig. Hätten sie das Doppelte verlangt, er wäre noch immer gerechtfertigt gewesen.

Das Vorspiel war solide und sauber. Die zwölf Mädels legten ab, alles ab, tanzten, hüpften, schmusten (miteinander), ließen sich – atemnah – polaroid-fotografieren, signierten mit rotem Kussmund die Bilder und zogen parfümierte Frischetücher hervor, um nervöse Männerhände zu putzen: die nun eine halbe Minute lang die »Chichi«, die Brüste, und die »Akagai«, das wohl allererste weibliche Geschlechtsmerkmal, berühren durften.

Unheimliches Gedränge Richtung Nackedeis und allseitiges Gekicher auf beiden Seiten, denn die (rein) männlichen Zuschauer – von ziemlich jung bis ziemlich alt – grapschten unendlich tapsig nach den schönen Früchten. Die Damen lachten, so kitzelte es. Und die Tapsigen lachten, weil die Gekitzelten so vergnügt reagierten.

Very funny, aber noch immer keine Sensation. Die kam nach der Pause, in der für den Hausmeister genügend Zeit blieb, je eine Matratze auf die drei Drehbühnen zu wuchten. Und aus der Kinderei wurde ein echter Hardcore-Gipfel. Denn sobald das Licht wieder anging, begannen die Bühnen sich zu drehen, und drei splitternackte Stripperinnen streckten sich aus. Auf dem Rücken, in einer Stellung, die sofort einleuchtete. Und die Entschlossensten im Publikum drängten erneut nach vorne und fingen paarweise an, *Schere-Stein-Papier* zu spielen. »Ausscheidungskämpfe«, wie ich von meiner Begleiterin erfuhr (ach ja, sie war die einzige Zuschauerin): Gerangel um die Liegeplätze.

Und endlich sprinteten die drei glücklichen Gewinner die Rampe hoch und verteilten sich auf die wartenden Ladys. Und eine Lichtorgel setzte ein, und wir knapp hundert schauten zu, wie die Kandidaten Hose und Unterhose fallen ließen (Hemd und Socken blieben an), die Damen an je einem »Sohn« zogen (jeder Japaner hat einen Sohn), ihm

ein Gummisäckchen, ein »Sakku« verpassten, den Sohne-
mann aufbliesen und ihn dann umstandslos in der Mitte ihrer
Körper verstauten. Und vor unseren zweihundert – schmerzhaft fokussierten – Augen gingen die Männerhintern auf und
nieder, eher hastig und verzappelt, wundersam verloren auf
drei seelenruhig kreisenden Bühnen, wundersam ausgeleuchtet von sanften Farben, wundersam begleitet von ver-
träumter Musik.

Bis in Minutenschnelle das Ende kam. Während die
Damen nach dem vollen Sakku schnappten und es mit einer
raschen Handbewegung entsorgten, verschwanden die Herren im Publikum.

Okay, jetzt kommt die ganze Wahrheit. Und sie brachte
in diese fernöstliche Prolo-Show einen Moment von Zart-
heit und Staunen: *Ein* Sohn hatte versagt, ein Hintern war
unbeweglich geblieben. Da die sechs Hauptdarsteller so nah
am Bühnenrand vorbeizogen, war alles zu sehen gewesen.
Doch beim dritten Teilnehmer hatte es nichts zu bestaunen
gegeben. Kein strammes Glied, nur tote Hose. Und so kam
der schönste Augenblick des Abends: Der Mann verbeugte
sich vor der Dame, drehte sich um und verbeugte sich tief
vor uns. Und donnernder Applaus brach los. Als wollte jeder
ihm zuflüstern: *Mach dir nichts draus! Ist mir auch schon passiert!*

ARBEIT

Henry Miller wollte in einem Brief an einen Freund wissen: »Für was, glaubst du, werden die Arbeiter am Fließband bezahlt? Für ihre Arbeit, wirst du antworten. Nein, für ihr Schweigen.« Da sie den Stumpfsinn hinnehmen, da sie nicht aufschreien und eine Revolution anzetteln.

Kein Mensch kommt auf die Welt, um alle fünfzehn Sekunden drei Schrauben festzuziehen. Jeder hat mehr Talent in seinen Händen und in seinem Kopf. Aber nicht jeder findet, was ihn fordert.

Weiß einer ein größeres Glück, als ein Leben lang das zu tun, was ihn freut, was andere erfreut und – Gipfel des Heils – genug aufs Bankkonto schafft, um damit die Existenz zu finanzieren?

Während ich diese Zeilen schrieb, blickte ich bisweilen durch das Fenster meines Arbeitszimmers auf die gegenüberliegende Fassade. Ein Haus wurde gerade renoviert. Von Monsieur Picard und seinen Leuten. Ich kenne den Mann und schätze ihn. Sehr sogar. Er hat auch meine Wohnung verschönert. So war Zeit für Gespräche. Wie kreativ der Mensch war, wie er Lösungen vorschlug, wie er Alternativen anbot. Mit welcher Zärtlichkeit er über Wände strich, die er frisch verputzt hatte. Ein begeisterter Handwerker, der andere begeisterte. In seiner Nähe wurde man ein glücklicherer Zeitgenosse. Jetzt stand er auf dem Gerüst und montierte Isolierplatten. Konzentriert, kein Handgriff umsonst, ein Könner. Ein Quadratmeter nach dem nächsten. Wie nah ich mich ihm fühlte: Zwei, die tun, was sie lieben. So gut sie es vermögen. Monsieur Picard zog Mauern hoch und ich eine Seite. Wobei der Nutzen seiner Beschäftigung schneller einleuchtete als mein Dahocken und Tippen.

Zuerst wollte ich das Kapitel »Beruf« nennen, aber »Arbeit« klingt emotionaler und klarer zugleich. »Que faites-vous dans la vie?«, *Was tun Sie im Leben?*, fragen Franzosen, wenn sie wissen wollen, welcher professionellen Tätigkeit man nachgeht. Man könnte ja antworten: Nun, ich spiele Gitarre. Oder: Ich liebe eine Frau. Nein, das wichtigste Tun im Leben ist die Arbeit. Nur so ist die Frage gemeint.

Unglaublich, auf wie verschiedene Arten man Geld verdienen kann. Und noch unheimlicher: die Kraft der Frauen und Männer, sie auszuhalten, die Jobs, die keine andere Belohnung bereithalten als Lohn. Üblicherweise bescheidenen Lohn.

Immer wahr: Die einen gehen als schöne Menschen durch die Welt, die anderen nicht. Die einen versprühen Charme und Ausstrahlung, die anderen oft keinen. Die einen entkommen den heftigsten Schicksalsschlägen, die anderen geraten von einem in den nächsten. Ist das gerecht? Natürlich nicht. Aber am unfairsten – mit Blick auf alle verfügbaren Ungerechtigkeiten – ist wohl das Unglück, jeden Morgen einen Ort aufsuchen zu müssen, wo man nicht sein will.

Weil man dort etwas tun muss, das man nicht liebt, das nimmer beschwingt.

Ich erinnere mich an einen Besuch im Grundbuchamt, hier in Paris. Ich ging einen langen Gang entlang, links und rechts der müde, graue Verputz, Neonlicht, eins flackerte. Und alle Türen standen offen, und hinter jeder Tür – mich wunderte, dass man einem Fremden diesen intimen Einblick erlaubte – saßen ein oder zwei Angestellte. Wie Heuschrecken gekrümmt über ihren Schreibtischen. Eingemauert von Wänden voller Aktenordner, belagert von Papierstößen. Ganz still war es, nur das Klappern meiner Schritte.

Die Arbeit hatte die Gekrümmten inzwischen erledigt. Fremde Namen und fremde Zahlen eintragen, was für eine absurde Zumutung. Ihr Arbeitsplatz als tägliche Einladung zum Sterben. Als ich endlich die zuständige Person gefunden hatte und ihr zusah, wie sie in einem Berg von Kladden nach meinen Unterlagen suchte, überkam mich Empathie für diese Frau. Auf eine besondere Weise bewunderte ich sie. Sie hielt aus und lief nicht Amok.

Man sagt, dass jene die Starken sind, die ein imposantes Lebenswerk geschaffen haben: Künstler, Forscher, mutige Pädagogen. Das glaube ich nicht. Da die Arbeit sie ja stimuliert, sie mit Sinn erfüllt, sprich, die Kräfte, die sie investieren, neue Kräfte in ihnen mobilisieren. Zu alledem kassieren sie noch das Staunen und die Huldigungen der Welt. Und, auch nicht schlecht, ordentliches Geld.

Aber hier, in diesen lichtkalten Kabuffs, feuerte nichts an. Ihr Arbeitstag machte sie dösig, presste sie leer. Jeden Abend, so ist zu vermuten, kehrten die Erschöpften ein paar Grade erschöpfter nach Hause. Ohne Applaus.

Ich dachte an meinen Vater, als ich das Gebäude verließ. Der Mann war ein Einser-Gymnasiast gewesen. Und musste von der Schule, weil sein Vater es so bestimmt hatte. Da lag die Wurzel für das kommende Elend: Der Sohn muckte nicht auf und trat das Erbe eines biederen, bequemen Lebens an. Und verkaufte vier Jahrzehnte lang Devotionalienblech. Er war feig und wurde missmutig. Weil sein intelligenter Kopf nicht mit seinem Tun zusammenpasste. Der Kopf wollte viel mehr, aber der Alltag war stets das blechige Zubehör für Betschwestern. Und so verstrahlte er seine Erbitterung in die Welt.

Der Schweizer Psychotherapeut C. G. Jung sagte einmal, wunderlich präzise: »Es gibt nichts Neurosenbildenderes für Kinder als das ungelebte Leben der Eltern.« Wie maßgeschneidert passte der Satz zu unserer Familie. Und zu Millionen anderer.

Wir alle sind vor dem Vater davon. Auch die Frau lief weg. Ach ja, Mutter, sie hat auch nicht gelebt, auch keinen froh machenden Beruf gefunden, sie strandete ebenfalls weit weg von ihren Sehnsüchten. Dass solch missglückte Vorbilder Kinder beeinflussen, kann man an drei Fingern nachrechnen. Und dass sie, die Anti-Vorbilder, manche Kinder – wenn denn Glück und Stärke ihnen beistehen – eine Arbeit entdecken lassen, die sie wohl nie entdeckt hätten, wenn sie »normal« aufgewachsen wären: Auch das weiß man.

Arbeit versöhnt. Wenn der Mensch seinen Platz in der Welt findet. Und dieser Platz stimmt, sprich, er dort etwas tut, was ihm eine Ahnung von Sinn vermittelt. Wie Monsieur Picard, der vor meinen Augen ein Haus isolierte. Damit die Bewohner es besser hatten. Damit die Umwelt es besser hatte. Picards Platz ist das Gerüst. Ja, sagte er, als ich ihn fragte, ja, er sei glücklich. Und blickte mit Genugtuung auf die vier Häuser, die er in der Gasse schon saniert und verschönt hatte.

Arbeit muss nicht den Hauch von Glamour besitzen, um das Verlangen nach Anerkennung zu befriedigen. Doch auf zwei Punkte kann sie nicht verzichten: auf Selbstbestimmung und Kreativität. Ein bisschen reicht. Aber ganz ohne geht es nicht.

In einem »Aidskloster« in Thailand begegnete ich einem amerikanischen Priester. Wir arbeiteten dort als Freiwillige. Mein Misstrauen legte sich bald, weil er auch nach Wochen Herzenswärme zeigte und nichts unternahm, um die (buddhistischen) Todkranken – ich beobachtete ihn diskret – für seinen katholischen Herrgott zu begeistern. Er verzichtete auf die Todsünde Missionieren.

Wir taten die einfachen Dinge und retteten niemandem das Leben. Wir wechselten die Windeln, wuschen die Infizierten, begleiteten sie zur Toilette, plauderten, wischten ihnen (und uns) den Schweiß aus dem Gesicht. Doch das Entscheidende: Keiner kommandierte, wir konnten uns den Tag einteilen, konnten reden, was wir wollten, und den Prostituierten und Strichern und (nachlässigen) Puffbesuchern unsere Ideen anbieten, die ganz simplen: etwas vorlesen, spazieren gehen, massieren, Händchen halten, ein Modeheft durchblättern und gemeinsam eine schöne Frau oder einen schönen Mann bewundern.

Jeden Tag starben sie hier. Und jeden Tag übten wir Mitgefühl, versuchten es zumindest. Das forderte Aufmerksamkeit, da ja die Gefahr bestand, dass man eine solche Regung irgendwann als Pflicht empfand. Und man billiges Mitleid produzierte. Was dabei half: Man durfte die Empfindung nicht inszenieren, nicht mit einer Willensanstrengung erzwingen. Sie muss fließen, und wenn sie das nicht tut, so soll man das hinnehmen. Denn die Wärme kehrt zurück, bestimmt.

Wie auch immer, Michael und ich verstanden uns bestens. Wir waren nie arbeitslos, nicht seelisch, nicht geistig, nie körperlich. Wobei der Amerikaner der Vorbildliche war. Seit Jahren schuftete er in diesem Tempel. Ohne Scheinheiligenschein, mit trockenem Humor.

Wenig überraschend, dass ich eines Vormittags – der New Yorker duschte gerade einen dreißig Kilo leichten Schwerkranken – an einen Tagebucheintrag Albert Schweitzers denken musste, eines Deutschen, der gewiss auch Freude und Frieden in die Welt gebracht hatte: »Ich bin ein Glückspilz, der in Afrika fand, was er suchte: Liebe, Vertrauen, Hilfsbereitschaft und nützliche Arbeit.«

Das glauben wir sofort. Was wir nicht glauben sollten: dass Arbeit nur dann befriedigt, wenn sie das Leben anderer erleichtert, ja, dass immerhin ein Funken Menschlichkeit in ihr vorhanden sein muss. Von wegen.

Nehmen wir einen wie Theodor Pillich, Gefreiter im Zweiten Weltkrieg, der einen Tag Urlaub hatte, sich langweilte und bei einem Erschießungskommando vorstellig wurde. Denn er wollte »etwas Sinnvolles tun«. Und der 37-Jährige erschoss 162 Juden. Darunter Kinder und Frauen. Nachdem er einige seiner Opfer vorher beschimpft und nachher fotografiert hatte. »Zur Erinnerung.«

Wenn man so will, war auch Theo ein Glückspilz. Er fand in Polen – gemäß seiner Weltordnung – segensreiche Arbeit. Und vielfaches Lob. Der gut gelaunte Massenmörder war kein Einzelfall, Zehntausende, auch Ausländer, massakrierten »spontan« für Hitler. Auf der Suche nach »Sinn«.

Unergründliches Menschenherz.

Heute verführt der Islamische Staat. Er verspricht ebenfalls Arbeit und Sinn. Wobei sich das Stellenangebot unübersehbar erweitert hat: Denn nicht nur Juden, auch alle Nicht-

Muslime, ja, bald alle Sunniten-Muslime, die nicht als Terroristen taugen, sollen vernichtet werden. Lockruf an die Halbwüchsigen aller fünf Erdteile, die ohne Richtung und Ziel am Rande des Kapitalismus entlangirren: Ein Mega-Massenmord lockt, Sinn ohne Grenzen.

Wie sagte es Nietzsche? »Lieber will der Mensch das Nichts wollen als nicht wollen.«

Bleiben Wert und Sinn aus, dann entscheiden sich manche Frauen und Männer – im äußersten Fall – für den Wahn-Sinn: Sie erledigen das Handwerk des Mordens, und wäre es nur, um sich zu vergewissern, dass sie leben. Ja, sie sprengen sich mit dem letzten Gedanken im Kopf in die Luft, dass ihr Tod ihr Dasein rechtfertigt. Ihr Sinn ist das Nichts. Das scheint ihnen erfüllender zu sein als Bewegungslosigkeit, als Nicht-Wollen.

Ein Fluch wurde noch nicht erwähnt: die Arbeitslosigkeit. Gerade wir Deutsche definieren unser Selbstwertgefühl darüber, ob wir eine Beschäftigung haben, für die wir entlohnt werden. Oder träge (sagen die anderen) und nutzlos (sagen wir selbst) und depressiv (spüren wir irgendwann) durch den Tag tingeln.

Ich erinnere mich an jenen Vormittag, an dem mir der Pförtner des Residenztheaters das Kündigungsschreiben übergab. Ich musste mich auf die Stufen des Künstlereingangs setzen, so wuchtig schlug die Entlassung ein. Umso wuchtiger, da der Grund der »Trennung« meine wenig aufregenden Leistungen als Schauspieler waren. Was haarscharf der Wirklichkeit entsprach. Ich war mittelmäßig (das ist schlimmer als schlecht), und deshalb wurde ich gefeuert. Wie ein Brocken aus bleiernem Elend saß ich da, wie ein totenstiller, unbelichteter Film zog die Zukunft an mir vorbei. Ich war fast dreißig und wusste, dass dieser Weg von nun an verstellt war. Ich hatte jahrelang etwas gelernt, anschließend jahrelang in etwas investiert und landete zuletzt – im Aus. Talentlos, arbeitslos, mittellos, ein Loser. Eiskalt übersetzt: all die Zeit vertan, um mein bisheriges Leben an die Wand zu fahren.

Man hört, dass für viele die Arbeit nicht so bestimmend sei. Hauptsache Job, Hauptsache Kohle. Sie, die vielen, würden sich auf anderen Gebieten verwirklichen: in der Familie, als Liebende, als rührend hilfsbereite Mitbürger bei der Feuerwehr, ja, als selige, ehrgeizlose Faulpelze.

Ich will das nicht kritisieren, jedem, wie es ihm beliebt. Aber mein Herz funktioniert anders. Hölderlin hat es vor über zwei Jahrhunderten für mich aufgeschrieben: »Was mir nicht alles ist, ist mir nichts.«

Nicht nur in meinen Ohren klingt der Satz so wahr. Die bombastischste Frage, die mir LeserInnen stellen, lautet: »Was soll aus mir werden?« Als ob ich eine Glaskugel besäße, mit der ich in den Kopf Wildfremder schauen kann und schlagartig weiß, was an Begabungen, an Power und Schicksal auf eine/n wartet. Schreiben mir die Jungen, bin ich weniger beunruhigt. Sie haben noch Zeit für Irrtümer, sie dürfen noch Fehler machen. Aber die Mails der plus/minus Fünfzigjährigen fransen mich an. Wenn sie beichten und erzählen, dass sie ihre »Scheißarbeit« nicht mehr ertragen, dass »alles anders« werden soll, dass sie sich – was für ein Anspruch – »verwirklichen« wollen. Doch wie? Und sie berichten, wie viele Zumutungen und Risiken sie schon auf sich nahmen (und nehmen), um etwas zu entdecken, das tief versteckt in ihnen lauert: ein Talent, das der Welt gefiele und für das sie – einsames Hochgefühl – Geld verlangen könnten.

Meine Antworten hören sich eher stotternd an. Denn wie zum Teufel soll ich wissen, welche Richtung jemand einschlagen soll? So lange wusste ich es ja bei mir selbst nicht. In meiner Not erinnere ich die Bittsteller schüchtern an die »Heilige Dreifaltigkeit« als unbedingte Voraussetzung, um nach oben zu klettern: Talent – Kraft – Glück. Fehlt nur eins, dann wird der Höhenflug nicht stattfinden.

Die einen kommen mit einem Schraubenschlüssel auf die Welt und werden Automechaniker. Andere mit einer Gitarre und lassen sich irgendwann als Rockstar feiern. Und die Letzten – wir, die beharrlich Verwirrten – müssen zäh die Jahre hindurch nach einer Boje Ausschau halten. Irgendwo weit draußen.

Die meisten, die mich kontaktieren, wollen »schreiben«. Sprich, schreiben und wahrgenommen, sprich, veröffentlicht werden. Nicht in einem popeligen Blog (für den keiner Geld rausrückt), sondern in einem Buch.

Will jemand eines Tages als Konzertpianist glänzen, muss er als Dreijähriger am Klavier sitzen. Wie ein Hochleistungssportler schon als Knirps zu trainieren anfangen sollte. Die frohe Botschaft für alle künftigen *writers* jedoch lautet: Auch *late bloomers* haben eine Chance, auch Spätblüher erreichen die Ziellinie. Ja, oft bringt der zögerliche Start Vorteile. Denn Umwege erweitern die Ortskenntnis. Ersetzen wir das Wort Ort durch das Wort Leben, dann kann eine/r nicht genügend Erfahrungen gespeichert haben, um davon zu berichten. Ein dünnes Leben verspricht wenige Freuden. Keinem, auch nicht dem Leser.

Leben und Schreiben, was für ein euphorisierender Traum.

Sorry, ich habe mich eine Spur verlaufen, jetzt aber zum Schluss des Kapitels. Es soll unbeschwert enden. Und einmal mehr zeigen, wie vielfältig Arbeit aussehen kann, ja, soll nebenbei daran erinnern, dass so schnell niemand die Rätsel der menschlichen Seele lösen wird: Im Dschungel von

Borneo, im malaysischen Teil der Insel, traf ich auf einige *Iban*, »Eingeborene«, die früher als Kopfjäger unterwegs waren. Nachdem die Regierung den wüsten Kampfsport verboten hatte, zogen die einen in die Städte und wurden »modern«. Und die anderen blieben zurück in den Urwalddörfern, lebten entlang der Flüsse in ihren berühmten Langhäusern. Und verrotteten. Via Fernsehen – *Catch as Catch Can* lief gerade – und Schnaps. Und gnadenloser Öde.

Der gastfreundliche Anyat führte mich in einen Nebenraum, in dem – adrett in Bastkörbchen drapiert – die Schrumpfköpfe von der Decke hingen. Die Beute seiner glorreichen Ahnen. Und der Fünfzigjährig sagte den einfachen Satz: »Ich bin sehr unglücklich, denn ich darf nicht mehr jagen.« Und deutete auf die Körbchen. Er meinte es ernst, und wir beide fingen schallend zu lachen an.

SPRACHE

Im wunderschönen Portugal gibt es die wunderschönste Buchhandlung der Welt: Lello, in Porto. Wer über die Schwelle tritt, darf in Tränen ausbrechen. So atemberaubend kann (gebundene) Sprache aussehen. So elegant der Ort, so warm die Farben, so überwältigend die Harmonie zwischen Büchern und Architektur. Über hundert Jahre ist sie alt. Wäre ich Alleinherrscher im Land, ich würde Senhor José Pinto de Sousa Lello, den Urheber des Wunders, zum Nationalheiligen küren.

Die Zeiten sind modern geworden. Als ich in der Rua das Carmelitas 144 ankam, wäre ich um ein Haar auch in Tränen ausgebrochen. Doch aus ganz anderen Gründen: Gegenüber dem Eingang befand sich ein Container, vor dem eine zwanzig Meter lange Menschenschlange wartete.

Anstellen, um ein Ticket für drei Euro zu erwerben. Der Eintrittspreis für den Besuch des Sehnsuchtsorts. Das war kein Trick der Besitzer, um abzuzocken – der Betrag wurde beim Kauf eines Buches verrechnet –, vielmehr ein letzter

Versuch, um die Massen davon abzuhalten, die Buchhandlung zu betreten.

Das klingt umwerfend komisch und ist doch nur wahr. Denn keine Sprachliebhaber standen an, auch keine Büchersüchtigen, sondern – in eindeutiger Überzahl – Frauen und Männer, die irgendwann gehört oder gesehen hatten, dass Lello in einer der Verfilmungen der sieben Harry-Potter-Bücher auftauchte.

Und so stürmte täglich der große Haufen den Prachtbau. Und alles, was man in einem Buchladen sucht – die Stille, die Fähigkeit zur Konzentration, das Anlesen erster Seiten –, war dahin. Dafür penetrantes Geschwätz, Gedränge, Telefonklingeln und WhatsApp-Töne. Dass die allermeisten kein Buch kauften, muss ich es noch hinschreiben?

Einer der entscheidenden Kämpfe dieses Jahrhunderts lautet: Bild gegen Sprache. Instagram ließ verlauten, dass wir in zwanzig Jahren nur noch via Bilder kommunizieren werden. Haha, was für eine Drohung: eine Welt voller Bimbos, die kurzerhand die phänomenalsten Erfindungen der Menschheit – die Wunder Sprache und Schrift – erledigen.

Bilder sind herrlich. Egal, wie sie daherkommen, ob als Gemälde, als Foto, als Cartoons. Herrlich, wenn, ja, wenn sie einladen zum Sinnieren, zum Verweilen, zum Bestaunen, zum Erkennen, zum Begreifen. Wenn ein Bild uns etwas erzählt. Eine Geschichte. Wenn etwas, jetzt kommt's, uns überrascht. Und wir fasziniert dranbleiben, lauthals lachen, *Wow* rufen, uns auf Teufel komm raus amüsieren, ja, wir voller Freude und Dankbarkeit etwas lernen.

Nun aber das Elend: Die meisten Bilder, nein, Bilderfluten, die uns heute heimsuchen, transportieren nur todfaden Mainstream, belästigen nur als brausend schamloser Durchzug von Mittelmäßigkeit, treten nichts los im Kopf, machen um kein Jota reicher, erreichen nie das Herz, schenken keinen Funken Geist, sind schlicht und blöd und oft hemmungslos eitel. Man sieht sie und ist beleidigt. Weil es, einmal mehr, jemand gewagt hat, uns unsere Lebenszeit zu stehlen. Man wischt – Tinder macht es vor – das Allerweltsding weg. Und fällt gleich wieder herein.

Ein Seitenhieb genügt. Er sei mir vergönnt. Denn als unbelehrbar Sprachverliebter muss ich mich wehren. Sonst bin ich morgen arbeitslos. Was mich stärkt: dass noch Heerscharen herumlaufen, mit denen ich diese Sucht teile. Rabiat Verliebte, die wie ich oft ins Zauberland Sprache flüchten. Um dort nach Wörtern und Zeilen und Strophen zu suchen, nach Sternblumen aus Buchstaben. Um das vermaledeite Leben auszuhalten. Sprache als eiserne Ration, die jeden Tag und für alle Tage reichen soll. Als Heilsalbe, um das ramponierte Herz zu betupfen. Als Leuchtschrift in dunklen Zeiten.

Wer kennt nicht diesen Moment, in dem man einen Satz liest und nicht weiter kann? Weil man stillhält, um ihn zu verkraften. Weil man nicht stören will, wenn er bravourös durch den Kopf schwebt, da er ja Augenblicke lang nur Glück verheißt. Selbst dann, wenn er bekümmert klingt. Denn nichts kann so bewegend vom Schmerz berichten wie Sprache.

Wem diese Liebe gehört, der geht nie unbewaffnet aus dem Haus, ist nie wehrlos. Sprache als Handgranate gegen die Entwerter, Sprache als Liebesgabe an die anderen.

Wir sagen »Muttersprache«. Wie beruhigend, dass die Sprache mit einer Frau beginnt. Sie ist die Erste, der wir zuhören, sie ist die Erste, in deren Beisein wir zu stottern anfangen. Wir bekommen etwas von ihr, das unverlierbar sein wird, ein – so nannte es Hilde Domin – »unabnehmbares Zuhause«. Erst der Tod wird es uns rauben. Alles sonst kann uns vorher verlassen, die Kraft, die Schönheit, das Hoffen, die Zukunft, jede andere Liebe. Doch die Sprache bleibt uns, bis zum letzten Atemzug. Wie treu sie zu uns hält. Wie treu wir ihr ergeben sind.

Mich hat immer ergriffen, dass deutsch-jüdische Schriftsteller, die vor Hitlers Schergen geflohen waren, nach 1945 in das Land ihrer Geburt zurückkehrten. Dort, wo die Öfen einst brannten, um sie zu verfeuern. Aber der Wunsch nach Zugehörigkeit, nach Nähe zu den tiefsten Wurzeln schien mächtiger gewesen zu sein als aller Schrecken.

Jeder hat es erlebt, wenn auch in einem ganz anderen, eher harmlosen Zusammenhang: Man reist oder lebt für lange Zeit im Ausland. Ja, selbst wenn man die fremde Sprache mit Leichtigkeit benutzt, kommen die Augenblicke, in denen man nach dem Klang der eigenen Sprache hungert. Und sich Deutsch reden hören muss. Etwas in uns verlangt danach. Das Vertraute entlastet, verschafft Identität und Heimat. Tröstet.

Wäre das nicht die ultimative Strafe: das Verschwinden der Sprache und nur noch mit Händen und Füßen kommunizieren zu dürfen? Mit Zunge-Rausstrecken und Augenrollen. Und Grunzen. Wie unsere (überall behaarten) Vorfahren? Ist das Finden, das Erfinden der Sprache nicht eines der Weltwunder des menschlichen Geistes?

Ich war in vielen Ländern, in denen ich kein einziges Wort verstand, geschweige denn auszusprechen imstande war. Und versuchte ich eins zu »intonieren«, wusste niemand etwas damit anzufangen.

Jeder Satz, den ich die Fremden sprechen hörte, missfiel mir. Wie hässlicher Lärm drang er an mein Ohr. Gleichzeitig erfuhr ich von den Einheimischen – via gemeinsamer

Fremdsprache –, wie umwerfend wohlklingend sie ihr Kauderwelsch fanden, ja, wie begeistert sie davon waren. In China, zum Beispiel, in Korea, in Ungarn. Aus Gründen der Völkerverständigung hielt ich den Mund. Wieder ein Geheimnis, das mich überforderte.

Es dauerte, bis ich kapierte: dass jeder in seiner Sprache – mag sie für andere auch eckig und skurril tönen – die ersten Liebesworte seiner Mutter gehört hat, die ersten Zärtlichkeiten, die ersten Laute der Wärme und Geborgenheit. Und dass jeder mithilfe dieser Sprache ein Kind wurde, ein Erwachsener. Dass er mit diesem Wortschatz seinen Platz in der Welt suchte, eine Frau (oder einen Mann) verführte, ja, damit das Handwerk des Lebens lernte. Jedes Wort wurde ein Teil von ihm. So kann er gar nicht anders, als sie – die Wörter, den grandiosesten Schatz seines Volks – zu bewundern. Und als schön wahrzunehmen.

Und sollte eines Tages aus diesem Menschen ein Weltbürger werden, dann wird er wohl fremde Sprachen lernen. Denn er hat ja inzwischen auf so klarsichtige Weise begriffen: Noch immer wurde kein intelligenteres und mondäneres Mittel als Sprache entdeckt, um von der großen weiten Welt zu erfahren. Und den vielen, so fernen Leben. Den so geheimnisvoll anderen.

Hier der Beweis, noch einer, der vorläufig letzte: Ich saß in Paris im Kino, sah »Frantz«: die Geschichte von einem deutschen Soldaten (nach ihm ist der Film benannt), der im Ersten Weltkrieg in Frankreich zu Tode kam. Die Anfangsszene zeigt seine Verlobte Anna auf dem Weg zum Friedhof. Wie jeden Tag. Eines Morgens lernt sie den jungen Franzosen Adrien kennen, der ebenfalls das Grab besucht. Über dramatische Umwege erfährt sie, dass er für den Tod von Frantz verantwortlich ist. Es ist ein großartiger Film, in dem zwei großartige Schauspieler, Paula Beer und Pierre Niney, die Hauptrollen spielen.

Etwas Seltsames geschah: In den ersten zwanzig Minuten wurde Deutsch gesprochen, und die französische Übersetzung erschien als Untertitel. Seltsamer noch, dass mir die Tränen kamen. Ruckartig, ganz stark, schon peinlich. Umso bizarrer, da ich ein mäßiger Patriot bin, noch nie eine Flagge in der Hand hielt und gewiss nicht – für keinen Schweinehund auf Erden – in eine Schlacht gegen den »Franzmann« zöge.

Sicher, das Geschehen auf der Leinwand schnitt dem Zuschauer das Herz auf, und man könnte tausend Nächte durchheulen beim Gedanken an die Dummheit der Menschen, an die Willigkeit, mit der sie ihre Mitmenschen niedermetzeln. Natürlich bewegte mich das, wie jeden wohl. Aber das allein erklärte nicht die Radikalität des Gefühls. Ich brauchte eine Weile, bis ich mein Geheule begriff. Ich war begriffsstutzig wie zwei, die sich bereits lange kannten – und nichts passierte. Doch irgendwann fiel ein Wort, war da eine Geste, ein Blick. Und die Frau und der Mann entdeckten, was so tief in ihnen verborgen lag.

So auch jetzt: Es waren Tränen schierer Dankbarkeit. Im dunklen Eck eines Kinosaals durften sie raus. Ich verstand plötzlich, verstand rigoroser als je zuvor, dass das, was ich gerade hörte, das EINZIGE war, das mir das Leben gerettet hatte. Und rettet.

Was für ein Atombombensatz. Der nur immer wahr ist. Nichts anderes, keine Liebe, keine Therapie, keine Lottomillionen hätten mich über mein Leben als Versager hinweggetröstet. Nichts, nur sie, die Sprache, war imstande, mich aus dem Sumpf eines ziellosen, eines verlorenen Daseins zu ziehen. Ich weiß, wovon ich rede, denn ich war an zwei

Dutzend »Berufen« gescheitert, an drei Studiengängen, an dreizehn psychotherapeutischen Behandlungsversuchen.

Bis sie daherkam und sich meiner erbarmte. Nicht zu früh, da die Hälfte meiner Zeit – ich war inzwischen knapp vierzig – schon vorbei war. Wer so spät den Notausgang findet, der wird die Tür nicht vergessen, durch die er ins Freie stolperte.

Und so saß ich da und bestaunte den Film, die Story, die Kunst der beiden. Und heulte, selig wie ein vom Galgen Erlöster.

Ein Moment im Leben –
Zwei werden Freunde

Wir waren zwölf, dreizehn Jahre alt und gingen in die sechste Klasse eines humanistischen Gymnasiums. An diesem Wintertag hatten wir Turnstunde. Unser Sportlehrer war beliebt, immer ließ er sich etwas Überraschendes einfallen. Seit einiger Zeit trainierten wir »Sitzfußball« in der Halle. Mit denkbar einfachen Regeln: Zwei Mannschaften traten gegeneinander an, jeder saß am Boden, und nur per Hintern war es erlaubt, sich fortzubewegen. Zwei große gekippte Tische – je einer am Längsende der Halle platziert – bildeten die Tore. Traf ein Spieler die Platte, gab es einen Punkt. Ich war einer der beiden Torhüter, wir saßen auch, aber wir waren die einzigen, die ihre Hände benutzen durften. Zum Fangen.

Bei den Gegnern spielte Erich. Wir fanden uns unausstehlich. Er nannte mich einen Angeber. Und ich ihn auch. Er war ein Rudelführer, und ich mochte keine Rudel. Nichts an uns schien kompatibel. Zudem war er der bessere Schüler. Noch ein Grund, ihn nicht zu mögen. Und er konnte schießen. Oft hat er getroffen, oft habe ich – auch nicht unbegabt – gehalten.

An diesem Vormittag lagen wir 4:3 vorne. Und Erich und seine Leute stürmten, und wir hielten dicht. Bis er, noch einen Meter vor mir, den letzten Verteidiger ausdribbelte und ausholte. Und ich ihm entgegenhechtete. Und er statt des Gummiballs mich traf, mit voller Wucht an der linken Augenbraue. Ich kippte um und blutete. Extrem stark.

Panik, der Herr Studienrat kam gelaufen, sofortige Unterbrechung. Als ich das Bewusstsein wiedererlangte, waren vier Mitschüler schon dabei, mich hinaus in die Garderobe zu tragen. Und jetzt passierte der Moment: Ich sah Erich meine Hand halten, er beugte sich zu mir und meinte, vor den anderen: »Bitte, sei mir nicht böse. Ich wollte dich nicht treffen. Es tut mir sehr leid.« Und mir Trottel, mir elender Memme, kamen die Tränen. Gewiss dachten alle, dass ich wegen der Schmerzen als Heulsuse auftrat, aber nein, ich spürte überhaupt nichts. Ich sah nur diese noble Geste eines Teenies, Teenie wie ich, der souverän alle Feindschaft vergaß und sich von Mitgefühl rühren ließ, ja, der keinen Versuch unternahm, mir die Schuld zuzuschieben. Die es so wenig gab wie seine.

Der Krankenwagen kam, und in der Klinik wurde die Wunde genäht. Ich war fröhlich und guter Dinge. Ich ahnte es: Erich und ich wurden Kameraden. So sagte man damals. Und er war kein Angeber mehr und ich auch nicht. Und jedes Mal, wenn ich ihn sah, bewunderte ich ihn. Für diesen Augenblick von Stärke und Wärme.

TOD

»Alberto Bellini« stand auf dem Grabstein, »1994–2016«, darunter das Foto eines hübschen Kerls. 22 Jahre und schon Leiche. Die frühe Abendsonne strahlte auf sein Grab, irgendwo in Sizilien. Die Pinien bewegten sich sacht, hinter den Mauern lag die schöne Welt. Und in naher Ferne das sagenhafte Meer. Totsein ist scheiße.

Ich mag Friedhöfe. Kein Ort erinnert inniger daran, dass man existiert – und vergehen wird. Doch trotzig verdränge ich die Bedrohung und erinnere mich jedes Mal an das andere, so heftige Gefühl: *Du musst leben, mit allem Deinem!*

Was leichtfällt, da mich kein Gedanke an ein »ewiges Leben« tröstet. Mir fehlt jede Ausrede, irgendeine Minute zu verschieben: auf später, auf das Rentenalter, auf die Unendlichkeit. Wann immer ich auf die Uhr schaue, lese ich »Jetzt«. Wie beflügelnd.

Ich kenne einen kreativen Menschen, der in seinem Atelier einen großen »Timer« – so nennt er das Teil – installiert hat. Er lässt ihn jährlich neu auf die durchschnittliche Lebenserwartung für Männer in Deutschland einstellen. Nun der Clou: Das runde Getüm zeigt ihm gleich frühmorgens an, wie viele Tage ihm – theoretisch – noch bleiben. Auf jeden Fall täglich einer weniger.

Der Trick ist makaber und sehr effizient: um das Allerkostbarste – das Am-Leben-Sein – nicht zu vergeuden. Lauern doch tausend Versuchungen, um längst vor dem Ende als Scheinlebendiger seine Restzeit abzusitzen. Unheimlich unzählige Gerätschaften wurden erfunden, um uns beim Zeittotschlagen behilflich zu sein.

Der Tod treibt unser Leben an. Ohne ihn würde kein Kuss passieren, kein Buch geschrieben, kein Lied gesungen. Und kein Hass geschürt und kein Krieg angezettelt. Wir tun alles, weil am Sterbetag alles aufhört. So betrüblich sich die Nachricht vom Abtreten auch anhört, noch betrüblicher, ja, unfassbar katastrophal wäre die Aussicht, dass nie Schluss ist. Ewigkeiten lang würden wir stinken vor Verzweiflung. Wären gelähmt vom Wissen, dass wir nie irgendwo ankommen. Eine fürchterlichere Zukunft könnte niemand sich ausdenken.

Jahre vergehen, bis wir begreifen, dass wir vergänglich sind. Weil die Erkenntnis so schmerzhaft ist, lässt der Mensch sich Zeit, sie an sich heranzulassen. Wer diese Wirklichkeit nicht aushält, erfindet sich einen Gott, der ihn anschließend ins »Jenseits« befördert. Durchaus praktisch. Denn es spielt keine Rolle, ob der Gläubige nach seinem Tod von Gott, genauer, von seiner Idee von Gott, betrogen wird. Wie belanglos. Was kümmert eine Lüge, die den Betroffenen niemals der Gefahr aussetzt, sie zu durchschauen?

Jeder formt seine Einsichten nach seinen Erfahrungen. Erst kommt das tägliche Leben und abends das Einordnen und Interpretieren des gerade Vergangenen.

Ich will von ein paar Begegnungen mit dem Tod erzählen. Einen »göttlichen Willen« habe ich dabei nicht entdeckt, eher ein Gefühl von Verlorenheit, von Absurdität, ja, bisweilen auch von Erleichterung und Glück.

Dass meine Mutter mich bei meiner Geburt zu ersticken versucht hatte (sie wollte unbedingt eine Tochter), hatte etwas ungemein Positives. Und ich brauchte Jahrzehnte, um es zu sehen. Das klingt pervers und ist es nicht. Denn die Attacke rüstete mich für die Wirklichkeit, und ich begriff, sehr unbewusst: Du musst kämpfen!

Wer das abgespeichert hat, der hat die halbe Lebensmiete schon bezahlt. Zugegeben, ein Totschlagversuch ist nicht der Moment, um Vertrauen zu lernen. Das ist dahin, lebenslänglich. Aber die Begabung zur Resilienz, zum Widerstand, die fing in diesen Augenblicken an. Ich will mich nicht beschweren.

Mein erster Toter war eine Schildkröte. Ich öffnete das kleine Gehege in unserem Garten, und sie kroch heraus. Und blieb stehen. Ich schubste sie an, und sie rührte sich nicht mehr. Ich nahm sie in die Hand und schüttelte sie. Ich dachte, sie wäre eingeschlafen und ich müsste sie aufwecken. Bis mein Bruder vorbeikam und es aussprach: »Die Schildkröte ist tot!« Ich saß da und schluchzte. Wie einen bösen Spielverderber empfand ich den Tod.

Später starben alle unsere Tiere. Unser Haus war das Leichenhaus, hier wollte niemand leben.

Der erste Mensch, dessen totes Gesicht ich betrachtete, war meine Großmutter mütterlicherseits. Ich war 22, und der Anblick beruhigte mich jetzt. Sie war eine Frau, der schon lange alle Lebensfreude abhandengekommen war. Ich mochte sie, aber ihr Unglücklichsein belastete jeden, sie auch. Wer nicht leben will, soll sterben dürfen. Ich war froh über ihren Tod. Möglicherweise war es am Tag ihrer Beerdigung, an dem ich beschloss – wie großmäulig sich das anhört –, dass ich Selbstmord begehen würde, wenn nichts mehr mich trägt und kein Feuer mehr meine Neugier nährt. *Ich will nicht verglimmen, ich will leben und dann verschwinden!* So halbstark redete ich damals, insgeheim, zu mir.

Zwölf Jahre danach starb mein Vater. Seinen Tod habe ich versäumt. Weil ich es so wollte. Stanislaw Jerzy Lec, der polnische Aphoristiker, notierte einmal: »Das Leben eines Menschen endet manchmal mit dem Tod eines anderen.« Das mag stimmen für zwei, die sich geliebt haben. Diese Gefahr bestand bei uns beiden nicht. Ich heulte trotzdem. Über das, was wir alles verpasst hatten. Heute könnte ich den Satz von Lec umdrehen: »Das Leben eines Menschen beginnt manchmal mit dem Tod eines anderen.« Der Scharfrichter war weg, und ich begann zu atmen.

Dann war meine Mutter an der Reihe. Sie hatte die Schwermut von ihrer Familie geerbt. Dreimal ist sie während ihrer 77 Jahre gestorben: einmal als Schönheit, einmal als Ungeliebte, einmal als Demenzkranke. Sie hat nur ein halbes Leben geschafft, dafür einen ewigen Tod. Diesmal habe ich nicht geheult, zu lang war ich Zeuge ihres Elends gewesen.

Jede »Leich«, so sagen sie in Süddeutschland, spornte mich an. Bei Vater und Mutter spürte ich meine geballte Faust in der Hosentasche: So nicht! So wie ihr Irrläufer will ich meine Zeit auf Erden nicht ruinieren!

Als ich anfing, als Reporter zu arbeiten, häuften sich die Toten. Nicht solche, die an Altersschwäche und / oder Lebensekel verschieden, sondern solche, die krepierten, die blitzschnell verschwanden oder zäh dahinsiechten. Das Gefühl von Chaos und Fassungslosigkeit verstärkte sich. In den meisten Fällen war ich außerstande, eine Erklärung für diesen oder jenen Tod zu finden. Auf das Banalste reduziert, ließe sich nur behaupten: Sie kamen um, weil sie sich zur falschen Stunde am falschen Ort befanden. Aber ich war bisweilen zur gleichen Stunde am gleichen Ort. Und überlebte. Nicht, weil ich cleverer, mutiger oder – ich muss grinsen, wenn ich das hinschreibe – der bessere Mensch gewesen wäre, sprich: Gott mich belohnte!

Nein, ich entkam, weil der blindwütige Zufall mich schützte. Ich kam nie, nicht eine Sekunde, auf die Idee, dass ich das Leben verdient hätte und der andere den Tod.

Ein Beispiel: Anfang der Neunzigerjahre recherchierte ich in Marokko über Afrikaner, die heimlich von Tanger nach Tarifa, dem südlichsten Punkt in Spanien, übersetzten. Flüchtlinge zog es schon damals nach Norden, nur nicht in Massen. Eines Nachts war ich dabei, als angeblicher Scheckbetrüger, der unbemerkt zurück nach Europa müsse.

An einem Strand, weit weg von der Stadt, stiegen wir – neun Schwarzafrikaner und ich – in ein Ruderboot, vier Meter lang, zwei Querstreben in der Mitte, die Seitenwände nicht höher als sechzig, siebzig Zentimeter. Nachdem jeder den Schlepper bezahlt hatte, ging es kurz nach Mitternacht los. Es gab keine Sitzgelegenheiten, nur den Boden. Ich saß am Heck, neben dem Yamaha-Motor, ich wollte den Leuchtturm von Tarifa blinken sehen. Niemand redete, niemand bewegte sich, so die eisernen Regeln.

Die vierzehn Kilometer über die Straße von Gibraltar waren nicht ungefährlich, bis zu 300 Handelsschiffe – jedes Hunderte Mal bulliger als wir – benutzten sie. Pro 24 Stunden.

Der Tod kam abrupt und wie nebenbei: Ich sah jemanden aufstehen, ich dachte noch, tu das nicht, gleichzeitig schlugen heftige Wellen eines querfahrenden Tankers gegen den Bug, der Mann verlor das Gleichgewicht – und fiel ins Wasser. Der Steuermann zischte sofort: »Nicht rühren! Sitzen bleiben! Sonst kippen wir alle!« Und drosselte den Motor, Stillstand. Wir warteten. Auf einen Schrei, auf wild gestikulierende Arme. Aber nein, kein Gellen, kein Mensch. Ersaufen ist ein leiser Tod. Und in dieser Nacht ein unsichtbarer, denn Wolken verhängten den Mond.

Irgendwann fuhren wir weiter, noch stiller, noch regungsloser, noch erregter. Bald erreichten wir Europa. Fünfzig Meter vor der (flachen) Küste stiegen wir aus und gingen – nass bis zur Hüfte – an Land. Und setzten uns in der Dunkelheit ab, jeder für sich.

Die Tage darauf stand nichts darüber in den Zeitungen. Keiner von uns hatte geredet. Ein anonymer Toter mehr – tot wegen einer Sekunde Unaufmerksamkeit – trieb nun im Meer. Ich habe den »Vorfall« in meinem Text damals nicht erwähnt. Es hätte dem Glücklosen nicht geholfen, und ich befürchtete rechtliche Konsequenzen.

Der Tod dieses Unbekannten hatte mich verstört, mich wieder etwas gelehrt über das grotesk unwägbare Leben. Aber ich trauerte nicht, dafür war der Mensch mir nicht nah genug. Auch hatte ich keinen Schmerz gehört, keinen Todeskampf. Der Mann starb nicht, er verschwand. Einmal ausatmen, und er war weg. Wie wegretuschiert.

Mit Sompong im »Aidskloster« – ich war mehrmals dort – war es anders. Dem 35-Jährigen sah ich über Wochen zu, wie er verreckte. (Das Wort bleibt, es stimmt.) Er hatte sich sein Unglück bei einer Hure geholt, da immer zu betrunken, um an ein Kondom zu denken. Er hing schwer an seinem Leben. Jeden Tag kam der Tod näher, und kein Trost erreichte ihn. Selbst das Gerede von der Wiedergeburt ließ ihn kalt. Er wollte leben, heute und die nächsten fünfzig Jahre. Eine kleine Freundschaft entstand zwischen uns. Ich putzte und massierte ihn, und er erzählte mir seine thailändischen Geschichten. In unseren intimsten Momenten fasste er nach meinem Bizeps, und ich streichelte seine zaundünnen Oberarme. Wie er mein bisschen Muskelfleisch bewunderte. Unheimlich sein schönes, sterbendes Gesicht.

An einem Dienstagmorgen kam ich an sein Bett, um mich zu verabschieden. Ich musste zurück nach Europa. Ich wusste sogleich, dass ich diesen Abschied nicht schaffe, nicht souverän schaffe, nicht elegant. Ich setzte mich neben ihn, und vollkommen haltlos brach es aus mir heraus. Wie das Schluchzen eines Kindes in einer verdammten Welt. Und Sompong, der Verrückte, berührte meinen Rücken, reichte ein Kleenex und sagte: »No problem, no problem.«

Ich begriff, mitten im Tränenmeer, dass ich auch meinen Tod beweinte. Dass Sompong, der Motorradfreak, mir nur vorausging. Beim Sterben. Und dass ich – wie er jetzt, wie wir alle eines Tages – jemanden brauche, der da ist. Ja, dass der Tod eines Menschen auch ein Geschenk an uns Lebende sein kann. Weil er, der jetzt zum Tode Verurteilte, uns etwas beibringt: das eigene Verschwinden um eine Spur inniger zu akzeptieren. Eben hinzunehmen, was japanische Zen-Mönche *Tathagata* nennen, das Sosein des Lebens.

Ach, eine Gebrauchsanweisung für das Sterben, die haben wir nicht. Bei der Begegnung mit dem Tod, seinem Todfeind, ist jeder der Erste.

Noch zwei Geschichten aus Indien. Für Leser mit strapazierfähigen Nerven. Ja, das Thema beutelt, jeden. Umso besser, sich vorher einzustimmen.

Wir waren auf dem Weg Richtung Gangtok, der Hauptstadt von Sikkim. Auf einer abschüssigen Geraden riss Fahrer Dubby plötzlich das Steuer nach rechts, um jemandem auszuweichen, der auf der Straße lag. Und gab wieder Gas. Meine energischen Aufrufe zu stoppen wurden überhört. Erst als ich ihm drohte, den vereinbarten Lohn nicht auszuzahlen, hielt er an. Ich rannte zurück, um nachzusehen.

Ich hatte mich nicht getäuscht. Ein Mann lag auf dem Asphalt, tot, die leeren Augen, kein Puls, kein Herzschlag. Ein armer Teufel, vielleicht vierzig, zerlumptes Hemd, zerlumpte Hose, keine Schuhe. Ohne äußere Verletzung, nur getrocknetes Blut klebte am rechten Mundwinkel. Nichts in den Taschen, keine Papiere, keine Rupie. Ein Unfall? Ein Verbrechen? Ein Rätsel.

Ich zerrte den starren Körper zur Seite. Ich wusste, dass kein Leben mehr in ihm war. Und ich wusste, dass ich so nicht enden will: Von einem Wildfremden in einen Graben geschleift zu werden, das ist eine unselige Vorstellung.

Dubby war kein Unmensch. Er erklärte mir, dass die Polizei ihn festnehmen würde, wenn er die Leiche meldete. Und ihn so lange für den Schuldigen hielte, bis er bereit wäre, sich freizukaufen. Ich glaubte ihm aufs Wort.

Nächste Story: rätselhafter noch. Sie passierte in Rishikesh, im Norden Indiens. Heiliger Ort am heiligsten Fluss. Hierher kamen Ende der sechziger Jahre die Beatles, um bei Yogi Maharishi Mahesh Zuflucht vor den Abgründen des Weltruhms zu suchen. Des Meisters *Transzendentale Meditation* sollte mithelfen, ihre Egos einzuzäunen.

Die kleine Stadt hat eine zauberische Ausstrahlung. Links und rechts des Ganges stehen die Ashrams, Yogazentren und Retreats: Klöster, in die sich Frauen und Männer in ihren letzten Lebensjahren zurückziehen. Weil sie genug von der Welt haben und nun die Zeit gekommen ist, sich auf den Tod vorzubereiten. Hier liegen auch die *ghats*, jene endlos breiten Stufen, die hinabführen zu *Mother Ganga*, dem geduldigsten Ziel ihrer Liebe, ihrem *river of comfort*. Von dem sie alles fordern, was ihr Glück vermehrt, und in den sie alles schleudern, was sie bedrückt: ihre Sehnsüchte, ihre Tränen, ihre Toten, ihre Körpersäfte, ihre Gebete. Und die Hoffnung, nie wieder geboren zu werden.

Eines Tages entdeckte ich beim Entlangschlendern einen sehr alten Mann. Er lag nah am Ufer, nur Fetzen am Leib. Sein bisschen Fleisch zitterte, vieles ging dem Ende zu: die vereiterten Augen, die von Lepra verstümmelten Zehen, die löchrige Haut. Ich flößte ihm Tee in den röchelnden Mund, schob vorsichtig winzige Stücke Blätterteig nach, besprühte seinen glühenden Körper. Der Greis drehte langsam den Kopf nach rechts, dort standen Bäume. Ich trug ihn hinüber in den Schatten.

Ein paar Meter weiter hechteten kleine Nackte glückselig schreiend in die Mutter Ganges, die – hundert Kosenamen hat der Fluss – *Dukha-Hantri*, die Kummer Vernichtende. Ambulante Händler verkauften Erdnüsse, Mangos und Plastikeimer für den sicheren Heimtransport des heiligen Wassers. Masseure warteten auf Kundschaft, eine Kuh sonnenbadete. Und hier lag einer im Sterben.

Sind Inder unerbittlicher als wir? Gewiss anders, unvorstellbar anders. Weil der Tod nicht so wichtig ist. Auch nicht das Leben. Da im Überfluss vorhanden, da doch auf jeden abertausendfaches Wiederkommen und Wiedervergehen wartet. Und verlöschen nahe der *Naba-Biti-Hrt*, der Angst Verjagenden? Ach, es gibt schlimmere Tode.

Abends starb der Mensch. Kurz, nachdem das leise Röcheln aufgehört hatte. Seltsam, aber ich war dankbar. Kein Leid und kein Nicht-Sterben-Wollen musste ich aushalten. Still war der vielleicht Achtzigjährige entschwunden. Ich saß neben dem Toten und rauchte. Unten am Fluss schwammen jetzt die winzigen Schiffchen, in deren Mitte ein Docht brannte. Gebastelt aus Blättern und Blumenblüten. Tägliche Hommage an den Götterstrom. Was für ein Bild. Voller Schönheit, so voller Leben.

LIEBE

Das Kapitel muss rein. Auch wenn den Autor tausend Klippen umzingeln, von denen er abstürzen kann. Mitten hinein in den Schwulst, der zum Thema bereits abgeliefert wurde. Von Liebesnärrischen, die vielleicht lieben konnten, aber nichts zu sagen hatten. Weil Lieben das eine Talent ist und davon Reden ein anderes. Möglicherweise können (sprachbegabte) Frauen und Männer, deren Liebesfähigkeiten sich eher bescheiden entwickelten, eleganter und klüger erzählen: vom ganz großen Ding, der Liebe, der triumphalen und glorreichen, der blinden und unbestechlichen, der unauslotbaren und zu allem bereiten.

Und erzählen von den Zeiten, als den Liebenden die Kräfte schwanden, sie aus der Liebe eine Schlampe machten und sie anfingen zu grollen und abzurechnen, zu schmähen und anzuklagen.

Aber es geht noch gräulicher. Wenn die Ex-Verliebten der Liebe das Kümmerlichste antun, das sich ausdenken lässt: den Ranz der Routine. Wer kennt nicht zwei, die sich einst im

Bett wie libidoglühende Raubtiere aufführten. Ja, sturmherrliche Nächte feierten. Und heute einen Fernseher (oder Computer) im Schlafzimmer stehen haben. Weil keiner mehr auf den Körper und den Geist des anderen scharf ist. Zwei arbeitslose Lieben, die wie so viele in die heimtückischste Falle getappt sind, die man der Liebe stellen kann: die Alltäglichkeit. Das Aufeinanderhocken. Die Ausweglosigkeit einer gemeinsamen Wohnung: um das schleichende Totmachen der Sehnsucht zu befördern. Das Ergebnis ist stadtbekannt: Die Liebe versiegt.

Wenn beiden zudem der Wille fehlt, nach neuen Ufern Ausschau zu halten, nach neuem Fleisch und neuem Esprit, dann sollte sich das Paar auf Unmengen griesgrauer Stunden gefasst machen. Wie bemerkte es Honoré de Balzac so hundsgemein? »Jede Ehe endet im Bett.«

Viele denken: Hauptsache Liebe, Hauptsache, wir lieben uns. Mitnichten. »Man muss geschickt die Mittel herausfinden, die zünden. Mit Liebe allein macht man keine Liebe«, so stand es schon 1669 in den *Portugiesischen Briefen*. Liebe braucht einen Plan, braucht Überraschung, Fürsorge, Enthusiasmus, sie muss befeuert werden, sie muss wissen, wie begehrt sie ist. Wie bewundernswert. Sie stellt Ansprüche. Gewiss gibt es die Liebe anfangs umsonst. Als Vorschuss. Aber später muss man ihrer wert sein. Denn nicht jeder verdient sie. Nicht, weil er nicht liebenswert wäre, nein: weil er nicht erkennt, wie wertvoll sie ist, wie fragil. Wie leicht man sie verspielen kann.

Die Liebe funktioniert in etwa wie das Leben, wie der Körper, wie das Hirn, wie jedes Talent. Sie alle sind zuerst einmal da, als Geschenk. Die einen bekommen große Gaben, die anderen nicht so große, aber keiner geht leer aus. Doch bald muss man sich um sie kümmern. Sonst verkümmern sie.

So manche/r drückt sich. Und so verwittern der Leib, die Freude am Denken, ja, selbst das Verlangen, Liebe zu geben und Liebe zu nehmen. Man will die Unbezahlbare zum Nulltarif.

Kurt Schwitters, im letzten Jahrhundert ein berühmter Künstler und Maler, heute radikal vergessen, wusste es genau: »Wie die nicht abfließende Mutterbrust erkrankt dem nicht abfließenden schöpferischen Menschen die nicht abfließende Seele.« Eine Spur pomphaft der Satz, aber bewegend wahr. Wenn wir den »schöpferischen Menschen« durch den »liebenden Menschen« ersetzen, haben wir die ganze Bescherung: dass eine/r vor die Hunde geht, wenn die nach Liebe lechzende Seele keine/n und nichts findet, um zu fließen.

Nein, es muss nicht immer eine Frau oder ein Mann sein, das Liebesziel. Liebe kann Myriaden Ziele haben. Die Welt lieben geht auch. Oder Sprache. Oder Musik. Oder ein Kind. Oder das Leben. Aber irgendetwas muss her. Sonst vergletschert der Lieblose. Sonst wird das Herz ein Klumpen Hornhaut, mit Metastasen bis hinein in die Fingerspitzen.

Ohne Zweifel, die Königsdisziplin der Liebe, das wäre schon die Liebe von Mensch zu Mensch. Sie ist wohl die forderndste Liebe, doch gleichzeitig die mit den meisten Belohnungen. Und den, doch ja, meisten Beulen und Bruchlandungen, den meisten Flüchen und Abstürzen.

Wenn ich abends einsame Frauen durch die Straßen meines Viertels gehen sehe, an der Leine den Hund, dann weiß ich wieder, dass ein Hund ein Hund ein Hund ist und aus ihm nie ein Zweibeiner wird, sprich, ein begehrender, ein teilnehmender Mann (oder eine begehrende, teilnehmende Frau). Und ich weiß zudem, dass Tierliebe eine schöne Liebe ist, aber ein Hund es nie aufnehmen kann mit einem, der die Hand an eine Frauenwange legt und Wörter flüstert, die duften.

Und die einsamen Männer-cum-Hund-Spaziergänger, die sehe ich auch. Wie die Einsamkeit in ihren Gesichtern. Ach, schon der Gang ist verräterisch. Stockend, ein wenig verloren.

So einen Urknall der Liebe, wer wollte den missen?

Jetzt muss es heiter werden. Die folgende Episode passierte in Mexiko, aus Anstandsgründen darf ich nicht sagen, dass ich gern dabei gewesen wäre. Bei einer so reinen Liebesgeschichte. Die tödlich endete und trotzdem froh stimmt. Denn so sterben zu dürfen gleicht einem Liebesrausch: Atem, Begehren, Wispern, Höhepunkt und – *the final curtain*.

So war es: Charles M., Rentner aus Kanada, flog mit seiner Frau Dorothy, auch im *silver age*, nach Mexiko. Um dort mit Freunden die Hochzeit der Tochter zu feiern. Im Playacar Palace, südlich von Cancún. Die beiden hatten sich – die Indizien lassen keinen Zweifel – alle Bestandteile einer funktionierenden Liebe bewahrt. Und so stiegen sie in den zimmereigenen Jacuzzi – Modell Hugh Hefner – und legten los. Aber wie. Wasserwellen, so der Polizeibericht, gingen über Bord. Weil die beiden jetzt das taten, was sie schon so lange so gern taten. Bis sich Charles übernahm, wohl einen Augenblick lang vergaß, dass er ein Rentnerherz hatte und – starb.

Nun, so ähnlich haben wir es bereits öfter in den Medien gelesen. Aber die Besetzung war anders. Und die Location. Meist bestand das Paar aus einem Ölscheich-Sack (oder einem griechischen Reeder-Sack oder ...) und seiner achtzehnjährigen Mätresse, der er ein Appartement gekauft hatte. Damit er sie bei jedem Stopover sexuell belästigen durfte.

Und irgendwann hörten die Unappetitlichkeiten auf, denn der Geldsack brach eines Nachmittags beim fixen Rein-und-raus zusammen. Hingestreckt, unrettbar.

Nicht hier im Playacar Palace. Hier war Liebe im Spiel und die Freude aufeinander. Obwohl das Wort »aufeinander« im vorliegenden Fall eine Nuance deplatziert klingt. Denn Charly war nordamerikanisch dick, und beim letzten Zucken – zentnerschwer auf seiner Frau liegend – ging er unter. Und versenkte die Ehefrau gleich mit, ja, verschwand mit ihr in den Tiefen einer mexikanischen Badewanne. Und (die schlanke) Dorothy folgte, liebend und Wasser schluckend, ihrem Gatten in den Tod.

Nicht, dass ich so aus der Welt gehen möchte, aber angesichts so viel elenden Sterbens hienieden darf man die beiden auch beneiden. Umso inniger, wenn man bedenkt, dass die meisten Lieben nach gewisser Zeit keine Wogen mehr schlagen und eher an Windstille und zäher Lustlosigkeit verenden. Ja, dass aus Liebestollen irgendwann Liebeswracks werden.

Der Badeunfall zeigt außerdem, auf welch absurde und aberwitzige Manier sie enden kann, die Liebe: wie aus heiterem Himmel an diesem blauen Tag in der Karibik. Missis und Mister Mackenzie sollen hochleben!

Zurück ins Schattenreich der Liebe. In Wien las ich an einer Hausmauer das Graffito: »Liebe ist Scheiße!« Obwohl orthografisch falsch geschrieben, ahnt jeder, der daran vorbeigeht, was uns der Verfasser des Wutschreis sagen möchte: *Fuck Liebe, ich bin bedient!*

Vergleichbar derb haben wir uns alle schon einmal – manche/r vielleicht einen Hauch stilsicherer – ausgedrückt. So reden Verletzte, Zornige, Enttäuschte, Getäuschte, Trostlose und Tiefbetrübte, jene eben, für die das Wunder nicht stattfand. Oder stattfand und bald mit einer Kriegserklärung endete. Und sie nun alle einen elementaren Irrtum begehen: Sie machen die Liebe dafür verantwortlich. Ich auch. Damals. Bis ich ein bisschen weiser wurde und begriff, dass meine Desaster nie und nimmer auf das Konto der Liebe gingen. Immer nur auf mein eigenes. Oder auf das der anderen Person. Oder unser beider.

Liebe ist nicht zu korrumpieren. *Wir* lassen uns korrumpieren. Nicht sie versagt, sondern wir. Und da wir das nicht einsehen wollen, beschimpfen wir sie. Wir Schwächlinge.

Um es noch simpler zu sagen: Schreibt ein Autor dummes Zeug, bar aller Einsicht in die Welt, stiehlt er uns Lebenszeit, ja, ist er denkfaul und gefühlsarm und verkündet keinen halben Gedanken, den wir nicht bereits wüssten: Wer ist dann schuld? Die Sprache? Natürlich nicht. Denn sie, die schwerreiche deutsche Sprache, ist gegen jeden Vorwurf erhaben, wenn der Schreiber vor ihr strauchelt. Er verliert, sie nie. So ähnlich, will ich mir einbilden, verhält es sich mit der Liebe.

Manch sensationelle Schriftsteller sind an ihr gescheitert. Und gingen als berühmte Autoren und wenig strahlende Liebende in die Literaturgeschichte ein. Aber im Gegensatz zu dem Wiener Strizzi, der nur eine Hauswand versauen kann, haben sie grandios von ihren Fiaskos berichtet. Ja, sie haben – schon vorher, bevor die Liebe sie abwarf – Worte und Sätze gezaubert, die zum Weltkulturerbe zählen (sollten): so luftzart, so stillschön und träumerisch verspielt, dass wir sie noch in tausend Jahren einander ins Ohr flüstern werden.

Nehmen wir eine Kostprobe von Paul Celan, einem unserer Weltmeister. Ich wäre gern die Frau, für die er die elf Wörter erfunden hat:

Mit dem Blau deiner Augen deckst du den Tisch unsrer Liebe.

Gewiss ist das Blau irgendwann verblasst, oder Celan hat es irgendwann nicht mehr gesehen. Oder er sah in andere blaue Augen. Oder er blickte in andere Farben, dunkelschwere, genauso randvoll mit Liebe. Egal, ich sag's frei heraus: Der Satz ist mir teurer als das Wissen, ob des Dichters Liebesleben erfüllt war. Die Zeile gehört jetzt der Menschheit, und der Mensch wäre nicht von dieser Welt, wenn ihm die fünf Sekunden Klang nicht ins Herz führen. Trunken vor Freude.

Anfang 2016 nahm sich Benoît Violier mit 44 das Leben. Aus noch immer ungeklärten Motiven. Er zählte zu den drei besten Köchen im Universum. In seinem Restaurant kam es vor, dass Gäste, nachdem die ersten Wunderwerke des Magiers ihre Speiseröhre passiert hatten, zu weinen begannen. So ergriffen von maßlosem Glück.

So ähnlich geht es manchen Leuten, auch mir, wenn sie Sprache lesen, sie goutieren. Aufgetischt von einem Meister / einer Meisterin und aufgeschnappt von uns Lesern. Endlich Sprache, endlich vibrieren, endlich wieder einer, dem wir verfallen. So lautlos, so innig.

Nächster Schritt. Nach der Feier der Liebe kommt der Schmerz der Liebe. Doch auch damit kann es ein Sprachtrunkener aufnehmen. Wenn denn die Götter ihm genug von dieser Droge mitgegeben haben. Sprache als Fallschirm. Um nicht ins Bodenlose zu stürzen: da der Mensch, von dem man glaubte, eine Ewigkeit geliebt zu werden, verschwunden ist: weil kein Begehr ihn mehr treibt, kein Wollen und Sehnen. Weil der andere die Liebe verraten hat. Weil ein Dritter daherkam und die Liebe entführte. Weil einer sein Leben verlor und kein Liebesbrief ihn mehr zurückholen wird.

Not, heißt es, gebiert Kunst. Das Kunstwerk als Heilkraut für den (im Innersten) Verunglückten. Sprache als Wiederbelebungsversuch. Um mit Buchstaben das wunde Herz zu verbinden. Literatur als Fluchtauto, um in andere Weltgegenden zu entrinnen, in andere Seelenlandschaften.

Einen souveränen Beweis dafür liefert der englische Dichter W. H. Auden. Er erfährt vom Tod seines Partners und verfasst ein Gedicht. Ich lasse die dritte Strophe des *Funeral Blues* hier in der Originalfassung stehen. Jedes Kind versteht sie, so begnadet einfach ist sie geschrieben.

He was my North, my South, my East and West,
My working week, and my Sunday rest,
My moon, my midnight, my talk, my song,
I thought that love would last for ever: I was wrong.

Aber so wenige verfügen über ein Werkzeug, um eine verweigerte Liebe – aus welchen Gründen auch immer – auszuhalten. Kein Serum zur Hand, nichts. Nur Verlust, nur Ratlosigkeit. Hier eine Begebenheit, die davon berichtet. Ich hörte sie von einer Freundin, sie ist die Erzählerin in dem Bericht. Ich habe ihren Text nur stilistisch bearbeitet.

Ich sitze allein im Abteil des Waggons, will schauen und lesen. Niemand soll mich stören. Leider steigt irgendwann jemand zu, eine hübsche, zierliche Frau. Wir ignorieren einander, ich will nicht reden.

Der Schaffner kommt und begrüßt freudig mein Gegenüber. Sie antwortet reserviert, ihre Gesichtszüge verhärten sich. Verstehe: Die beiden kennen sich. Da war was. Der Mann kontrolliert unsere Tickets und geht mit dem Hinweis weiter, nachher noch einmal vorbeizuschauen.

Sonja, so hat er sie angesprochen, blickt angestrengt und nervös aus dem Fenster. Die einsetzende Dämmerung macht die Stille noch lauter. Keiner von uns sagt ein Wort.

Der Schaffner kommt zurück und setzt sich neben Sonja. Und fängt an, haltlos auf sie einzureden. Wie es ihr gehe? Ob sie noch an der Schwesternschule sei? Ob sie nach Hause fahre? Selbst ein Taubstummer würde erkennen, dass der Schaffner in Sonja verliebt ist. Noch immer verliebt.

Sie nicht. Sie starrt versteinert vor sich hin. Wenn sie antwortet, dann einsilbig. Mit Ja oder Nein. Sonst Schweigen. Langsam versickert der Redeschwall des etwa 35-Jährigen, er verstummt und stiert peinlich berührt auf seine Hände. So sitzen wir drei, unhörbar. Eine Ewigkeit vergeht.

Bis der Mann aus seiner linken Hosentasche ein Taschenmesser hervorholt und es − mit wirrem Blick auf die Wand hinter mir − aufklappt. Plötzlich höre ich mein Herz rasen. Mein Gott, ein Wahnsinniger, der nun aus Rache gleich auf zwei Frauen losgeht.

Aber er dreht nur die Klinge nach oben und fährt mit dem rechten Daumen heftig darüber. Sehr heftig. Blut spritzt. Vorsichtig steckt er das offene (!) Messer zurück in die Tasche. Und wendet sich mit einem Ruck an Sonja. Er hält den blutenden Finger in die Luft und sagt triumphierend: »Schau, ich muss mir weh getan haben! Hast du vielleicht ein Pflaster, du bist doch Krankenschwester?« Und Sonja blickt hin, sieht das Blut auf seine Uniformhose tropfen und zischt angewidert: »Geh, bitte!« Und holt ein Tempo aus ihrer Handtasche und wickelt es grob um die Wunde. Im selben Augenblick wird sein Gesichtsausdruck weich, ja, erlöst, ja, glücklich. Er schließt die Augen, um diesen letzten Moment von Nähe zu genießen.

Kurz darauf stoppt der Zug. Der Schaffner springt auf, die Pflicht ruft. Er schaut noch einmal auf Sonja, die zum ersten Mal seinen Blick erwidert. Wie ein kostbares Geschenk umklammert er das blutige Taschentuch. Kein Wort fällt. Dann dreht er ab und geht. Entschieden, wie einer, der endlich begriffen hat, dass er die Partie verloren hat. Und Sonjas Gesicht entspannt sich. Er weiß es jetzt. Und sie weiß, dass er es weiß: Komm nie zurück, ich begehre dich nicht mehr!

Ich war sogleich fasziniert von der Geschichte. Obwohl weder die Erzählerin noch irgendein Leser wissen, was bei den beiden einst vorgefallen ist. Hundert Möglichkeiten und nochmals hundert sind vorstellbar. Aber der Kern ist überdeutlich: Ein Mann begehrt eine Frau, die kein Interesse (mehr) an ihm zeigt. Er erniedrigt sich, was ihre Abwehr nur verstärkt.

Wer nun in sich hineinhört, wird feststellen, dass er (oder sie) auch in Situationen geraten ist, in denen das eigene Verlangen heftiger war als das der/des Begehrten. Und dass man sich zu Worten und Handlungen hinreißen ließ, an die man später nur noch mit Schaudern zurückdenkt.

Der Kluge zieht daraus die Lehre: Das Sehnen füreinander muss sich auf gleicher Flughöhe treffen. Dann blitzt es zwischen den beiden. Dann glühen beide und brennen darauf, das Feuer zu löschen. Völlig belanglos, ob es sich dabei um eine rein erotische Anziehung handelt oder um Zustände, die tiefer reichen: Nie darf einer beim anderen um mehr Sehnsucht betteln. Nie um mehr Gefühl. Nie um mehr Liebe. Wer damit anfängt, wird enden wie der Schaffner: gedemütigt, abserviert.

Ich habe mehrmals in meinem Leben gebettelt. Bis ich mir so viele Schrammen geholt hatte, alle mitten durchs Herz, dass ich heute schier unverwundbar bin. Denn wann immer ich spüre, dass eine Frau mir ausweicht, weil sie keine Nähe wünscht, dann lasse ich sie los. Ohne hinterher auf den Speicher zu klettern und mich am Giebel aufzuhängen. Ja, nicht einmal meine Daumen müssen bluten. Ich habe nicht die geringste Schwierigkeit, eine Pleite wegzustecken. Aus der schlichten Erkenntnis heraus, dass die Dinge sind, wie sie sind. Und dass Gefühle lodern oder nicht.

Nicht vieles ist mitreißender als eine Frau, die sich anschmiegen möchte. Aber das muss sie wollen, freiwillig und frohgemut. Stimmt das Gleichgewicht der Kräfte nicht, dann heben die beiden nicht ab. Einer muss den andern füttern. Mit Hunger aufeinander. Bleibt der aus, wird es nicht rasant.

La passion et rien d'autre.

Am Ende des Kapitels tut ein bisschen Abkühlung not. Man darf die Liebe nicht überfordern. Und der Autor will sich als Liebesflüsterer nicht überheben. Nur ein paar – so bescheidene – Maximen seien ihm noch erlaubt:

Misstraue den lärmigen Liebesschwüren.
Umarme jeden, der leise von Liebe redet.
Schick alle zur Hölle, die dir Liebe als Zwangsjacke andrehen.
Pfeif auf die Liebe, wenn sie die Tage nicht heiter macht.
Glaube nie den Stuss, dass Gefühle nicht irren. Sie tun es!
Nimm den, der Leichtigkeit in dein Leben zaubert.
Liebe braucht Wallung.
Liebäugle, täglich.

Ein Moment im Leben –
Christmas lebt in Irland

Als ich durch Irland reiste, das einmalige, kam ich in ein Dorf, ganz im Südwesten. Dort gab es einen Mann, den sie »Christmas« nannten. Keiner wusste mehr, wie es dazu gekommen war. Grobe Leute würden ihn den Dorftrottel nennen. Aber hier sagten sie: »He's not the full shilling, that fella«, er ist nicht gerade der Hellste, der Junge. Der Satz kam mit einem Augenzwinkern, keine Spur verächtlich. Auch erzählten sie, dass er »a heart of gold« habe. Woraus genau das Gold bestand, konnte mir niemand erklären. Es versuchte auch keiner, so offensichtlich war es. Der Mensch strahlte Freundlichkeit aus, eine Wärme, die jeden erreichte, der ihm begegnete.

Christmas passte ins Dorf, er arbeitete auf dem Feld mit, er hatte sein Auskommen, seine kleine Wohnung. Und er hatte ein einziges, für jedermann sichtbares Problem: das mit den »roundabouts«, den Kreisverkehren. In der Gegend gab es eine ganze Menge davon. Und wann immer er einen sah, lief er um die Mittelinsel herum. Wie von Sinnen, unbremsbar, zwanghaft. Das störte nicht, denn der Verkehr war meist ruhig und das Land eher flach, sodass Autofahrer ihn rechtzeitig wahrnahmen.

Und doch, etwas irritierte alle, die ihn kannten: Christmas sah unglücklich dabei aus. Beim Rennen im Kreis. Als erledigte er eine verhasste Aufgabe. Hoffnungslosigkeit lag auf seinem Gesicht, als geriete er bei seiner Zwangsarbeit in eine tiefe Schwermut.

So wurde es zur selbstverständlichsten Sache der Welt, dass jeder Dorfbewohner einschritt. Sobald er Christmas bei seiner »roundabout insanity« bemerkte. Natürlich zeigte keiner ihm den Vogel oder hupte oder schrie »fucking dumbbell« zu ihm hinüber. Nein, ganz gleich, ob einer im Traktor oder im Wagen oder per Rad vorbeikam: Er (oder sie) stoppte und bat ihn – das hatten sie bald als beste Lösung herausgefunden – um seine Gesellschaft.

Unergründliches Menschenherz, auch das von Christmas. Denn dieser Wunsch, dass andere sich um seine Nähe bemühten, holte ihn aus seiner unglückseligen Idiotie. Umgehend. Und der 53-Jährige kletterte auf den Traktor oder setzte sich auf den Beifahrersitz oder tippelte neben dem Radfahrer, der inzwischen abgestiegen war. Um jetzt gemeinsam zum Dorf zurückzukehren. Ohne einen Blick auf den Kreisel zu werfen. Der nun weg war. Aus den Augen, aus dem Sinn.

Es schien, als hätten sich alle stillschweigend darauf geeinigt, Christmas spüren zu lassen, dass er wichtig war. Dass sie ihn brauchten.

Was für ein simpler, was für ein genialer Gedanke, um ein verwirrtes Herz zu besänftigen. Sie schenkten ihm ein bisschen Liebe, und keiner rührte an seiner Würde. Oder andersherum: Ein Irrer heilte die anderen. Indem er da war.

MUT

Ich flog nach Deutschland, um eine Frau zu interviewen: Karla Schefter, eine Krankenschwester, die seit dreißig Jahren eine imposante Klinik in Afghanistan leitet. Von ihr aufgebaut. Trotz Taliban, trotz Bürgerkrieg. Ich hatte sie dort einst besucht und gesehen, wie mutig und pfiffig sie handelte, um – zusammen mit ihrem einheimischen Personal – Wildfremden die Gesundheit zu retten. Ja, manchmal das Leben. Kam sie zurück in ihre Heimat, dann nur, um zu betteln: um Gelder für das kostspielige Unternehmen.

Am Flughafen nahm ich ein Taxi, und der polnische (!) Fahrer legte los. Apropos Flüchtlinge, über die fast jeden Tag etwas in der Zeitung stand. Ignacy, der 37-Jährige, sprach Klartext: »Hier sind zu viele Ausländer. Leider kann man sie nicht wegschmeißen.«

Später, im Wohnzimmer von Karla S., wurde mir wieder klar, dass die einen sich um fremder Leute Drangsal kümmern und die anderen sie, die Gejagten, lieber entsorgen würden.

Im Französischen gibt es das Wort »le semblable«, wörtlich »der Ähnliche«, das wir im Deutschen mit *der Mitmensch* übersetzen.

Ich bin gern in der Nähe von Mutigen. Um herauszufinden, wie ich in ihrer Lage gehandelt hätte. Weniger beherzt, bestimmt. Aber zugleich bin ich wie stets von dem Wahn ergriffen, ein Bruchteil ihrer Waghalsigkeit fiele – so nah jetzt – für mich ab. So wäre ich hinterher noch immer nicht schneidig, doch schneidiger. Immerhin.

Auf dem Rückweg erzählte ich Ignacy von Karla. Und er, fassungslos: »Die Frau spinnt.«

Dieses Kapitel habe ich in Riga geschrieben, der Hauptstadt von Lettland. Dazu eine kleine Vorgeschichte: Als ich durch Palästina und Israel reiste, besuchte ich auch die Holocaust-Gedenkstätte Yad Vashem in Jerusalem. Dort, im »Garten der Gerechten unter den Völkern«, in dem jener gedacht wird, die ihr Leben riskierten, um jüdische Menschen während der Naziherrschaft zu retten, entdeckte ich einen gewissen Janis Lipke. Einen Letten. Er war einer der Gründe, warum ich nach Riga wollte.

Gut aussehende Stadt, der gesamte alte Teil steht als Weltkulturerbe unter Denkmalschutz. In verschiedenen Museen kann man ahnen, wie der rote Terror, dann der braune, dann wieder der rote hier – und in den anderen zwei baltischen Staaten – gewütet hat. Seit über zehn Jahren gehören alle drei zur Europäischen Union. Was für ein Gewinn.

In einem ruhigen Vorort liegt das *Janis Lipke Memorial*. Es dauerte, bis ich es fand. Niemand wusste Bescheid. Seltsam.

Irgendwann stand ich vor dem eleganten, unaufdringlichen Holzbau. Er erinnert an einen Lieblingshelden. So atemberaubend und aberwitzig gerissen hört sich seine Geschichte an. Und wohltuend irdisch. Nie kam das Wort

»Gott« in seinen Äußerungen vor, nie redete er von einem himmlischen Antrieb für seine Taten, nie suchte er Zuflucht in einer Ideologie.

Der Lette war ein beinharter Humanist, der sich nur von einer Maxime leiten ließ: dass jeder Mensch einen Anspruch auf Würde und Leben hat. Dass Lipke nebenbei ein kleiner Gangster war, verschafft ihm einen romantischen Touch, sagt zudem etwas über menschliche Widersprüche aus: Hallodri und Hasardeur, der vor keiner Herausforderung zurückwich. Um sich nicht untreu zu werden.

Janis, das Einzelstück, kam 1900 zur Welt, Vater Buchhalter, Mutter Hausfrau. Er geht ein paar Jahre in die Volksschule, jobbt, wird ein hübscher Kerl, wird Dockarbeiter, kämpft als Achtzehnjähriger für ein freies Lettland gegen die Bolschewiken, verliebt sich noch während der Schießereien in Johanna Novicka, muss eine Ewigkeit auf ihre Eltern einreden, um sie davon zu überzeugen, dass er, der eher dubiose Anwärter, der rechte Bräutigam sei, heiratet die junge Frau und die beiden – jetzt zwanzig und siebzehn – sind ein Traumpaar: in jedem Sinn des Worts, denn die Liebe wird halten, ja, sie wird drei tapfere Kinder zeugen, und Janis und Johanna – man steht vor einem Foto von ihr in der Gedenkstätte und will nicht fassen, dass ein Mensch so schön sein kann – werden alles, ja, alles riskieren und aushalten und teilen: um Juden in der Zeit der deutschen Besatzung vor der Vernichtung zu bewahren.

Als die Wehrmacht im Juni '41 in die Hauptstadt einmarschiert, beginnt sie sogleich – mithilfe einheimischer Kollaborateure – mit der »Ausrottung der jüdischen Rasse«. Und umgehend reagiert Janis. Da er sprachenbegabt ist – neben Lettisch spricht er Russisch und Deutsch –, bekommt er eine Stelle in den Versorgungsdepots der Luftwaffe. Dem bereits gewieften Schmuggler bietet sich nun die Gelegenheit, seine »Nebeneinkünfte« aufzustocken. Zudem kommt er an wichtige Informationen heran. Zuletzt: Als eifriger Angestellter, der für die Machthaber arbeitet, wird er nicht als Widerstandskämpfer verdächtigt.

Mut braucht Hirn. Sonst ist der Mutige am Abend tot. Montaigne gestand einmal: »Ich bin mutig, bis kurz vor dem Scheiterhaufen.« Janis ist tollkühner: Er wird jetzt Handlungen vollziehen, die jede für sich mit dem Tod durch Erschießen geahndet worden wäre. Mit vorausgehender Folter, denn er baut ein Netz von etwa 25 Freunden auf, die ihm bei seinen ultragefährlichen Aktionen zuarbeiten. Und bevor er hätte sterben dürfen, hätte die Gestapo ihn »befragt«. Von wegen Namen und Adressen.

Er korrumpiert die Wachen vor dem Ghetto mit Schnaps und Zigaretten, er »entführt« Juden zu verschiedenen Verstecken im Stadtgebiet, bringt sie, als sich die Umstände noch dramatischer entwickeln, nach Kipsala, dem Vorort, wo er mit Frau und Kindern lebt, versteckt sie – bis zu zwölf (!) Personen – in einem drei mal vier Meter großen Loch, das er – verborgen unter dem Gerümpel eines Schuppens – ausgehoben und mit Brettern verschalt hat, nährt sie, besorgt ihnen Kleidung, entleert die Eimer mit den Exkrementen, besticht mit Whiskyflaschen und dem Wortschwall eines Schlitzohrs anrückende Polizisten, die ihn – informiert von Nachbarn, die sich über »dubiose Machenschaften« auf dem Grundstück wundern – aufsuchen, alles durchstöbern und nie etwas entdecken, er schafft die zwischengelagerten Verfolgten aufs Land – Kriegszone und dennoch geschützter –, nutzt jedes Transportmittel, das verfügbar ist, manchmal ein geliehenes Auto, manchmal – in höchster Not – Fahrräder (!), manchmal – in allerhöchster Not – ist er mit ihnen per

Anhalter (!) unterwegs, immer umsichtig, immer planend, immer ausgerüstet mit einem Rucksack voller Raritäten: Schmiermittel, um das Schweigen der Mitläufer und Hasser zu kaufen.

Janis, der unglaubliche Glückspilz, und Johanna, die unglaubliche Glückspilzin. Etwa zweihundert Juden brachten sie, gemeinsam mit ihren Vertrauten, in Sicherheit. Und nie wurden sie von einem Eingeweihten denunziert. Als die Rote Armee Ende 1944 nach Riga zurückkam, durchsuchten Soldaten sein (Miets-)Haus und das Grundstück nach Wertgegenständen. Und fanden nichts. Sie konnten nicht glauben, dass Janis ohne Gegenleistung – sprich Geldbündel, Gold und Edelsteine – sein und das Leben seiner Familie aufs Spiel gesetzt hatte. Den Hype um ihn, die rührenden Dankesbriefe der Überlebenden, die höchste Anerkennung durch Israel, empfand er als eher überraschend. »Ich tat nur, was die Pflicht jedes Menschen ist.« Mehr war aus ihm nicht herauszuholen. Er war nicht bestechlich, nicht einmal von eitler Bescheidenheit. Mit 87 starb er, drei Jahre nach ihm Johanna. Was für ein Paar, was für eine Geschichte von Liebe und Tapferkeit!

Leicht benebelt flanierte ich zurück in die schmucke Altstadt. Wie es mich erfüllt, wenn ich etwas von Menschenfreundlichkeit trotz allem erfahre. Wenn Leute standhalten und nicht im großen Gatter landen. Weil unverkäuflich, weil beseelt von der Sehnsucht nach einem innigen Dasein.

Kurz darauf wurde ich für das Glück bestraft. Bei der Kaffeehauslektüre der mitgebrachten Zeitungen stieß ich auf einen Artikel, der präzise zu unserem – von der Sucht nach Seichtheit – gefährdeten Leben passt. Es ging um die bevorstehende Zeitumstellung. Eine Lappalie. Doch nein: Die westliche Menschheit dürfe sich freuen, da ihr »eine Stunde mehr Schlaf« geschenkt würde. Nicht, dass man »eine Stunde mehr Leben« geschrieben hätte, nein, wir sind auf die Welt gekommen, um zu pennen. Aber das ist nicht der Aberwitz der Meldung, der kommt jetzt, denn eine Seite lang wird nun darüber referiert, wie man dieser »schweren Störung des inneren Rhythmus« Paroli bieten könne. Das Volk wird befragt, Experten werden zitiert, man glaubt, den drohenden Donnerschlag eines Meteoriten herauszuhören, ja, viele wüssten nicht, so die Redaktion, wie sie mit dieser »Herausforderung« umgehen sollten. Deshalb wird eine »luminosethérapie«, eine Lichttherapie, bei einem Facharzt vorgeschlagen. Zur Vorbereitung solle man zu Hause »alle Lampen auf Höchststufe einen Tag lang brennen lassen«. Um mit dem kommenden Unheil fertig zu werden.

Notizen aus dem Reich der Würstchen und Windelträger. Die Sehnsucht nach einem mutigen Leben, einem mit Chuzpe und Intensität, wurde offenbar von dem Wunsch abgelöst, möglichst leidenschaftslos und gut frisiert zu sterben. Wohl das Gegenteil von dem, was wir selbst – in ferner Zeit – von uns erwarteten. Ah, fast will man die Lipkes beneiden. Bei den beiden war alles echt: die Gefühle, die Überzeugung, die Zweifel, die Ängste. Das ganze Leben.

NACHWORT

Ich misstraue Leuten mit Superlativsätzen. Ich lese lieber jene, die lakonisch erzählen. »Allem, was du empfindest, gib die kleinste Größe«, schrieb Bert Brecht einmal. Okay, ganz klein muss niemand daherkommen. Aber weniger ergriffen von sich, das würde keinem schaden.

Versuchen wir doch, eine Spur lässiger aufzutreten. Nicht gleich in die Welt posaunen, dass das oder jenes – ein Zen-Retreat, ein Marathonlauf in New York, eine Wanderung um die Annapurna – »mein Leben verändert« hat, ja, dass ab sofort »alles ganz anders« ist.

Ach, diese Lust nach Selbsterregung, ach, der unbedingte Wunsch, die Tat entschlossen und glamourös aufzubrezeln. Die Freude über das Gelungene sei unbenommen, aber – versprochen – nach zwei Wochen kommt der alte Affe Mensch wieder zum Vorschein. Wie der Speckgürtel nach einer Hungerkur.

Sich ein Sixpack anzutrainieren und – entschieden fordernder – das Leben zu renovieren: Das ist eine mutige

Kampfansage. Respekt. Weil der Kampf zäh sein wird und gepflastert von Bauchlandungen.

So wollen wir tapfer zugeben, dass die vielen von uns – auch nicht die rastlos Reisenden – wohl noch nie einen Moment erlebt haben, der ihr Leben revolutionierte. Dass wir jedoch gewiss Frauen und Männern und Situationen begegneten, die uns bewegten, uns schwer zu Herzen gingen, ja, uns zu Freudentänzen oder Kummertränen rührten. Und zu wunderbar tiefen Einsichten verführten: in das Leben in diesen Zeiten.

Solche Geschichten lade ich mir herunter. In meinen Kopf. Weil sie reicher machen, geistreicher. Weil hier kein Wundermensch auftritt, sondern einer, den ich für sein Menschsein bewundere. Und für sein Talent, mein Denken und Empfinden zu beflügeln.

Genau genommen tue ich nichts anderes, als fieberhaft nach ihnen zu suchen. Stehe ich vor ihnen, erbeute ich sie, will nah sein. Damit sie mich heilen von den Barbareien der Welt, mich nähren mit ihrem Bewusstsein und ihren Gedanken.

Ich habe – und ich schreibe hier im Namen aller, die so hungern wie ich – einen rabiat unverwüstlichen Trieb nach Lebendig-Sein, nach allem, was mich daran erinnert, dass ich vorhanden bin. Und dazu führt, dass ich reagiere: auf die Welt und auf die, die sie mit mir teilen. Mein winziger Beitrag, um den anderen und mir und meinem Leben zu beweisen, »dass ich kein Fehler bin«. Den anrührenden Satz habe ich aus dem Film »Creed« geklaut, in dem ein junger Boxer so zu seinem Trainer spricht. Fünf Wörter, die gewiss nicht nur in mir etwas wachrufen.

Du sollst nicht fügsam sein! Du sollst leben!

Moralpredigten sind gräulich, jeder hasst sie. Auch deshalb, weil die Prediger meist klammheimlich das tun, was sie öffentlich verdammen. Moral ist die perfekte Einladung zur bigotten Tücke. Trotzdem, ich muss jetzt etwas loswerden, was verdächtig nach Ermahnung riecht. Aber es ist keine, nein, es ist eher Ausdruck absoluten Staunens. Gemischt mit leichter Verzweiflung und dem Gefühl von Einsamkeit, das mich stets überfällt, wenn ich dieser neuen Rasse Mensch begegne.

Hier die Episode, sie spielt ebenfalls in Riga. Sie kam ganz ohne Sensation aus, und dennoch empfand ich das Gesehene als sensationell. Da mir so fern, so unerfindlich.

Harmloses Vorspiel: Am Vormittag hatte ich im Hotel gearbeitet, dann ging ich los, flanieren, bewundern, nicht bewundern, entdecken, baff sein, angewidert sein, stille Lobeshymnen formulieren, über die Bücherwand eines (verstorbenen) Dichters streichen, die Vöglein hören, die Luft riechen, die Temperatur spüren, Gesichter beobachten. Und immer etwas wissen wollen (über Dinge, die ich sah und nicht verstand), immer Frauen und Männer mit wenig intelligenten Fragen belästigen.

Fremde sind eine Landplage, sie haben keine Ahnung und halten die Ahnungslosigkeit nicht aus.

Und alle hundert Meter zogen Glückswellen durch meinen Körper. Kein Rausch, aber das selige Gefühl, dass ich vorhanden war, mit allen Sinnen. Mein Chefideologe Charlie Brown fiel mir ein: »Das Leben ist ein Schokoladeneis. Man kann es essen, dann isses weg. Man kann es auch nicht essen, dann isses auch weg.« Und da ich mir längst geschworen habe, das Leben aufzuessen, bevor es verschwindet, war ich an diesem Tag die meiste Zeit heiter und dankbar.

Zuletzt, nach sechs Stunden Fußmarsch, landete ich auf der Terrasse eines Cafés, im Vermanes-Park. Und ich wurde wieder belohnt: Ein Rastafari in einer Hose aus – hoffentlich imitiertem – Tigerfell spazierte vorbei. Ein schöner Herr schlich mit einem Kahlköpfigen ins Gebüsch. Kinder schlugen Purzelbäume auf einem nahen Trampolin. Eine Frau – die Arme weit ausgebreitet – sang auf einem Klappstuhl stehend eine Opernarie. Und ein Mann übte Yoga-Asanas auf der Wiese. Sein Oberkörper war nackt und behäbig. Aber seine Bewegungen waren harmonisch und elegant, und irgendwann verschwand das Schwerfällige hinter der Eleganz.

Auf der Terrasse geschah nichts. Fast nichts. Vier jugendliche Mehlsäcke lagen (!) in Decken gehüllt (!) auf den gepolsterten (!) Bänken und – starrten auf ihre Handys. Der fünfte Fast-Tote war ein Herr mittleren Alters, der *Angry Birds* spielte, das weltberühmte Online-Game (geforderter Mindest-IQ: minus 300).

Da waren sie wieder, die Untoten, die seit einiger Zeit durch alle Kontinente geistern. In Heeresstärke. In jeder Stadt. Ganz brav, ganz bieder, ganz unbewaffnet, absoluter Mainstream.

Irgendwie scheint ihnen die Welt nur noch Zumutung zu sein. Sie übersehen sie. Die 510 Millionen Quadratkilometer Erde lassen sie kalt, ihr zahmes Leben spielt sich auf den paar Quadratzentimetern ihres Smartphone-Screens ab. Die sieben Milliarden Weltbewohner kommen in ihrem Universum auch nicht vor. Sie bemerken sie gar nicht. Mit gesenkten Köpfen werden sie später an ihnen vorbeigehen. Wie die Myriaden rundrücken-verbuckelter Tröpfe, denen man täglich ausweichen muss. (Wobei ich mir, als Radfahrer, einbilden darf, schon etwa 200 Blindgängern das halbe Leben gerettet zu haben.) Auf dem Flughafen von Dubai fiel mir auf, dass ihr Gehabe den Burka-Vogelscheuchen ähnelt. Auch die haben sich von der Öffentlichkeit verabschiedet, auch die schmoren in Einzelhaft, auch die benehmen sich radikal desinteressiert am Hier und Jetzt.

Die einen führt die kapitalistische Infantilisierungsindustrie vor, die anderen ihr religiöser Bimboismus. Wäre es möglich, dass sich unter der Schädeldecke der Betroffenen – so drückte es Bill Bryson beim Anblick einer ähnlichen Situation aus – »interstellare Leere« auftut?

Wen soll es noch wundern, dass der im Netz am häufigsten angeklickte Mensch – laut Google-Statistik für das Jahr 2015 – ein gewisser Lamar Odom war, ein US-Basketballspieler, der bewusstlos im Puff *Love Ranch* im Staate Nevada aufgefunden worden war. Nachdem er größere Mengen an Kokain und Potenzmitteln konsumiert hatte. Unübersehbar: Doofe wollen vom Leben anderer Doofer erfahren. Am allerliebsten vom Leben der Celebrity-Doofen.

David Bowie meinte kurz vor seinem Tod: »Die Leute sind so schrecklich dumm. Niemand liest mehr, niemand geht durch die Welt und sieht und erforscht die Gesellschaft und die Kultur, in der er aufgewachsen ist. Die Leute haben eine Aufmerksamkeitsspanne von Sekunden und so viel Tiefe wie ein Glas Wasser.«

Zurück zum Rastplatz der Mehlsäcke. Einer der fünf erhob sich irgendwann träge und fotografierte – seine Kaffeetasse. Verstanden, die aufregendste Nachricht, mit der er sofort und unbedingt seine Mehlsack-friends versorgen musste, war eine benutzte Mehlsack-Tasse.

Zwei hielten ihr iPhone in die Luft und lichteten sich ab. So alle zehn Minuten. Okay, jetzt gingen zwei Mehlsack-Köpfe um den Erdball. Alle zehn Minuten. Klar, bei so viel Selbstverliebtheit bleibt nichts mehr für die Liebe zur Welt.

Wurde meine Generation beschimpft, dass sie zu lang vor der Glotze lungerte, so wird sie nun links und rechts überholt: von Dauerglotzern, die mobil gaffen. Denn die hundert Gramm passen in jede Hosentasche.

Doch die Spatzen pfeifen es von den Dächern: Die meisten führten gern ein ganz anderes Leben. In dem sie wieder ihr Herz entdecken, mit Beben und Fühlen, eins, das den Stürmen des Verliebt-Seins ähnelt.

Eine Untersuchung hat ergeben, dass viele lieber im Mittelalter – trotz Seuchen, Inquisitionsterror und frühem Tod – gelebt hätten. Weil es dort intensiver zuging, lebendiger, verwegener. Das Ergebnis glaubt man sofort, da sich gemäß der Umfrage die Hälfte der Deutschen penetrant langweilt, im Alltag. Und zwei Drittel bei ihrer Arbeit. Auch penetrant.

Ich habe mir kürzlich das neue Album von Frank Ocean angehört, »Blonde«. Mein Lieblingssong ist »Nikes«, den der Künstler mit dieser Zeile beginnt: »All you want is Nikes, but the real ones ...« Alle wollen die Gummischuhe aus Amerika. Nikes als Synonym für protzigen Massengeschmack, für Verführung zu orgiastischem Konsum. Als Trost, immer laut Ocean, über den Ennui, die Fadesse, diese unheimliche Leere, die sich inzwischen bei uns ausgebreitet hat. Weil wir alles haben und das eine fehlt: Leben.

Ja, der »Terror der Ereignislosigkeit« treibt sie um. Tags zuvor sah ich ein paar Vertreter dieser Heldenrasse in der Hotellounge sitzen, mit Blick auf den Fernseher. Und während sie nach oben stierten, daddelten und zappten und chatteten sie auf ihren Handys. Wie souverän sie auf allen Kanälen unterwegs waren, und wie verzweifelt sie sein mussten, angesichts von so viel Gähnen und so wenig Enthusiasmus.

Immer warten sie auf das GANZ GROSSE DING, und nie kommt das ganz große Ding, sprich, das Leben, zum Vorschein, immer nur ein Fake, immer nur die Sehnsucht danach. Alle zwanzig Sekunden ploppt eine Nachricht auf, der hundertste Kick in dieser Stunde, und nichts bricht los im Kopf des Lesers: kein Jauchzer, kein Herzeleid, kein gebanntes Innehalten. Nur müdes Wegdrücken.

Die Flucht in ein bewegteres Leben, in dem man keine Zeit mehr hätte, sich von anderen seine Zeit stehlen zu lassen, so ein Leben wäre nicht teuer und verlangte keine haushohen Investitionen. Doch Eintrittspreise werden gefordert wie: Hintern heben, eine Ration Schneid mitbringen, Alleinsein durchstehen, Sich-Verlaufen riskieren, Sich-Blamieren verkraften, Bruchlandungen als Wegweiser erkennen, um Hilfe bitten können, »Es tut mir leid« sich sagen trauen, Fehler zugeben, neue Fehler – klügere – unternehmen, »Ich weiß es nicht« beichten, kein verzitterter Hampelmann sein wollen, sich nicht um die Hysterien des großen Haufens scheren und niemals aus den Augen verlieren, wie wertvoll (auch) das eigene Leben ist. Das nie wiederkommt.

Ist einem das innegeworden (das verschollene Wort passt hier, denn man muss es ganz »innen« verstehen), wird er sich rüsten lernen gegen die lauwarme Scheiße, die ihm täglich um die Ohren pfeift. Der Mensch wird anfangen, sich vor den Kanonaden maßlosen Schwachsinns wegzuducken. Und zu leben beginnen.

Doch, ich liebe Innovationen. Ja, ich habe mir den smartesten Laptop der Welt gekauft, ich kann sogar googeln und E-Mails verschicken und skypen, tatsächlich unterhalte ich einen Facebook-Account (ohne jede private Mitteilung). Einer meiner Götter heißt Jonathan Ive, der Engländer, der seit knapp zwanzig Jahren als Chefdesigner bei Apple hext. Technik, die ästhetisch daherkommt und Klarheit ausstrahlt, ist ein Vergnügen, das sich bei jedem Blick auf das Produkt wiederholt.

Aber ja, die Erfindung des Smartphones ist ein kleines Weltwunder. Dennoch besitze ich keines. Obwohl ich viel reise, viel schufte und viele Leute kenne. Und kein Flugzeug versäume, keinen Abgabetermin verschlafe, immer pünktlich zu einer Verabredung auftauche. Die Gründe für mein »Entsagen« (so nannte es jemand dramatisch) hören sich denkbar undramatisch an: Ich bin inzwischen erwachsen geworden und komme seit Langem ohne Schnuller zurecht. Ich will meist nicht erreichbar sein, weil es mich ablenken würde von dem, was mich gerade begeistert (oder erzürnt), das heißt, ablenken vom Da-Sein, vom Konzentrieren auf eine Sache. Zuletzt: Ich habe ein simples Leben, denn keine einzige Nachricht von mir muss die Welt unbedingt und sofort wissen, sprich, ich brauche nicht teilhaben am *global blabla streaming*, das rastlos durch das Netz rauscht. Ganz zuletzt, noch altmodischer: Ich meditiere. Man glaubt nicht, wie stilles Hocken und Nichtstun mithelfen beim Entschlacken alltäglicher Idiotismen.

Immer eine Antwort parat haben, immer eine Meinung kundtun (müssen)? Ich würde mich am dritten Tag in die Seine werfen. Und, infam gefragt: 24/7 online sein? Kann man noch geheimnisloser, noch unromantischer leben? Noch braver, ja, wie ein dressiertes Haustier zur Verfügung stehen? Macht das heiß auf eine/n?

Nach der kurzen Schelte noch eine Szene zum Thema. Sehr belebend, zudem offenbart sie die Gemeinheit des Autors. Vieles, was bedrängt, hat ja auch seine vergnüglichen Seiten. Schwer erheiternd. Wie der folgende Auftritt in Tallinn, der Hauptstadt von Estland, wo ich das Nachwort schrieb.

Nach der Schinderei – Schreiben ist Schinden – verließ ich das Hotel, um zu schlendern. Ich war an diesem Tag, behaupte ich jetzt vermessen, der Liebling der Götter. Da ich mich zur genau rechten Zeit am rechten Ort befand: Irgendwann kam mir einer dieser krummen Jünglinge entgegen, krumm wie ein Neunzigjähriger, denn offensichtlich war er kurzsichtig und musste mit der Nase ganz nah ran an sein Handy. Wir gingen beide auf der Straße, denn hier gab es keine Autos, nur ein Kopfsteinpflaster aus dem 13. oder 14. Jahrhundert. Ein Jüngling in der typischen Einheitskluft: mit Sneakers, Socken, zwei nackten Waden, einer schlabbernden Dreivierteljeans und einem schwarzen T-Shirt mit der Aufschrift »AC/DC«.

Ich sah es kommen, und es kam. Der Weltferne stolperte über einen der brachial dicken Steine, und es war ein Genuss, ihm dabei zuzuschauen: um nicht mit seinem Gesicht den Aufprall zu bremsen, ließ er das Handy los (die Ohrhörer flogen gleich mit) und streckte die Arme aus. Und während sein Smartphone – es regnete leicht – auf einen defekten Kanaldeckel zuschlitterte und sich der Jüngling in Fluggeschwindigkeit dem Boden näherte, schoss mir eine Erinnerung aus meiner Jugend durch den Kopf: Wie ich als Caddie die Golfschläger reicher Pinkel trug und vor dem letzten Schlag auf das Green hastete, um die Fahne aus dem Loch zu ziehen, damit der Spieler einputten konnte, so sah ich mich plötzlich auf den halb offenen Deckel zurennen, getrieben von der Hoffnung, dass es das Handy bis zur Öffnung schafft und – rettungslos hineinplumpst.

Leider nein, es gibt keine Gerechtigkeit, ich wusste es. Eine Handspanne davor blieb das Teil liegen. Trotz meiner Enttäuschung eilte ich zu dem Jüngling, um ihm auf die Beine zu helfen. Er war urplötzlich im Leben gelandet, mitten hinein, die aufgeschürften Hände und das linke blutende Knie legten unbestechlich Zeugnis davon ab.

Aber das Bewegendste kam jetzt: Der Lädierte humpelte auf sein Ein und Alles zu, checkte es und fotografierte – sich. Klar, das musste auf Facebook, Instagram und Twitter. Er wirkte glücklich, ja beseelt: endlich Gefühle, endlich Schmerz, endlich eine wahre Empfindung.

Das Buch muss mit einem Jubelschrei enden, einem lauteren, einem ohne den Hauch von Schadenfreude. Jubel als Aufputschmittel für unser größtes Geheimnis, unser Leben.

Der Schrei gilt einer Frau, einer ganz kleinen. Sophia weiß nichts von meiner Begeisterung, doch ich bin Feuer und Flamme und voll herzlicher Freude, wenn ich an sie denke. Dabei habe ich sie nie gesehen, nur ein winziges Porträt. Dennoch bilde ich mir ein, dass sie etwas vom Leben verstanden hat. Und es umsetzt, gemäß ihren Begabungen. Ich nenne sie kühn meine neue gute Freundin, auch auf die Gefahr hin, dass sie mir lieber aus dem Weg ginge. Egal, hier steht sie.

In der *KinderZEIT* (jetzt: *ZEIT leo*) – das sind ein paar Seiten, die die Zeitung jede Woche den Menschlein unter uns widmet – gibt es die Rubrik »Und wer bist du?«. Da mich alles interessiert, auch die Meinung von Knirpsen, lese ich sie immer. An einem Hochsommertag 2016 beantwortete Sophia die Fragen. Zuerst Name, Alter, wo man wohnt, was man beim Blick aus dem Fenster sieht, was glücklich macht, was ärgert, welches Weltereignis einen beschäftigt und, zuletzt, der spannendste Punkt: *was man den Eltern gern beibringen würde*. Und Sophia, die Achtjährige, diese kluge kleine Frau, sagte etwas, was wohl keiner der 2,3 Millionen Leser vermutet hätte. So überraschend, so beherzt, so weise klang es: »Wild sein.«

Bereits erschienen:
Gebrauchsanweisung für ...

01/0001/20/L

01/0002/20/R

Salzburg und
das Salzburger Land
von **Adrian Seidelbast**
Sardinien
von **Henning Klüver**
Schottland
von **Heinz Ohff**
Schwaben
von **Anton Hunger**
den Schwarzwald
von **Jens Schäfer**
Schweden
von **Antje Rávic Strubel**
die Schweiz
von **Thomas Küng**
Sizilien mit den
Liparischen Inseln
von **Constanze Neumann**
Spanien
von **Paul Ingendaay**
Stuttgart
von **Elisabeth Kabatek**
Südfrankreich
von **Birgit Vanderbeke**
Südtirol
von **Reinhold Messner**
Sylt
von **Silke von Bremen**
Thailand
von **Martin Schacht**
Thüringen
von **Ulf Annel**
Tibet
von **Uli Franz**
die Toskana
von **Barbara Bronnen**
die Türkei
von **Iris Alanyali**
Umbrien
von **Patricia Clough**

die USA
von **Adriano Sack**
den Vatikan
von **Rainer Stephan**
Venedig mit Palladio und
den Brenta-Villen
von **Dorette Deutsch**
Vietnam, Laos
und Kambodscha
von **Benjamin Prüfer**
Washington
von **Tom Buhrow**
und **Sabine Stamer**
die Welt
von **Andreas Altmann**
Wien
von **Monika Czernin**
Zürich
von **Milena Moser**

und außerdem für …
das Boxen
von **Bertram Job**
die Deutsche Bahn
von **Mark Spörrle**
den FC Bayern
von **Helmut Krausser**
die Formel 1
von **Jürgen Roth**
Kreuzfahrten
von **Thomas Blubacher**
das Münchner
Oktoberfest
von **Bruno Jonas**
das Schwimmen
von **John von Düffel**
das Segeln
von **Marc Bielefeld**
das Skifahren
von **Antje Rávic Strubel**

»Ein Leidenschafts-Lehrbuch für die Reise durchs Leben.«

Andreas Altmann
Gebrauchsanweisung für die Welt
Piper Taschenbuch, 224 Seiten
€ 15,00 [D], € 15,50 [A]*
ISBN 978-3-492-27608-5

»Gibt es etwas, das radikaler mit allen Gewohnheiten bricht, als wegzugehen, fortzureisen? Das rabiater die Zustände ändert – hin zum schwer Zumutbaren?« Kaum jemand hat sich dem Zauber und den Härten fremder Länder so ausgeliefert wie Andreas Altmann. Seine Gebrauchsanweisung ist eine große, wilde, bisweilen verzweifelte Liebeserklärung an das Reisen in die Welt.

»Ein Buch mit ungeheurer Ansteckungskraft und Reisefieber garantiert.« stern.de

PIPER

Leseproben, E-Books und mehr unter www.piper.de

So intensiv und radikal wie das Leben selbst

Andreas Altmann

Der Preis der Leichtigkeit

Eine Reise durch Thailand,
Kambodscha und Vietnam

NG Taschenbuch, 240 Seiten
€ 14,00 [D], € 14,40 [A]*
ISBN 978-3-492-40310-8

Thailand, Kambodscha, Vietnam: Die drei Länder sind ein Geschenk an jeden Reisenden. Wer clever ist, wird sich an ihnen bereichern. Ohne festen Plan, einzig seiner Intuition folgend. Nicht als Krieger, nicht als *business man*, nur stets als einer, dem das Staunen den Kopf verdreht. In alle vier Himmelsrichtungen.

»Schmerz und Stille, Chaos und Sinnlichkeit fließen ineinander auf einer leidenschaftlichen Fahrt gegen den Strom.« DIE ZEIT